LA
BUENA
PELEA

EL CONFLICTO PUEDE ACERCARNOS

LA BUENA PELEA

EL CONFLICTO PUEDE ACERCARNOS

Dres. Les y Leslie Parrott

AUTORES DE BEST SELLERS #1 DEL *NEW YORK TIMES*

WORTHY®
latino

Publicado por Worthy Latino, una división de Worthy Media, Inc., Brentwood, Tennessee 37027.

www.WorthyLatino.com

Ayudando a conocer el corazón de Dios

ISBN: 978-1-61795-458-0

Título en Inglés: *The Good Fight* publicado por Worthy Publishing, Brentwood, TN

Este título esta disponible en formato electrónico.

Edición en ingles - Biblioteca del Congreso Número de control: 2012956461

A menos que se indique lo contrario, todas las citas de la Escritura son tomadas de la *Santa Biblia Nueva Versión Internacional* (NVI) © Bíblica, 1999. Usada con permiso.

Publicado en asociación con Yates & Yates, yates2.com

Diseño de tapa por Kent Jensen, Knail LLC, knail.com

Foto de portada por Brandon Hill, Brandon Hill Photos, brandonhillphotos.com

Diseño interior por Kristi C Smith, Juicebox Designs, juiceboxdesigns.com

Edición en español por BookCoachLatino.com

Impreso en los Estados Unidos de América

14 15 16 17 18 VPI 8 7 6 5 4 3 2 1

LO QUE LOS LECTORES DE
LA BUENA PELEA
DICEN

La buena pelea cambió todo en nuestra relación. Es el primer libro que realmente hemos anhelado leer juntos.

THOMAS Y MELISSA, CASADOS 17 AÑOS

¿Quién sabía que el conflicto pudiera ser divertido? Nos reímos a carcajadas mientras leíamos este libro. ¡*La buena pelea* libera!

JUSTIN Y BELLA, CASADOS 5 AÑOS

El capítulo sobre su "Tipo de pelea" personal vale el precio de todo el libro. Uno de nosotros es un "Luchador cauto" y el otro es un "Luchador competitivo". Ser conscientes de eso fue crucial en nuestro matrimonio.

COLIN Y MARIA, CASADOS 33 AÑOS

No nos peleamos mucho pero, cuando lo hacemos, por lo general es delirante. Les y Leslie nos han enseñado cómo transformar esos momentos difíciles con mayor rapidez de la que nunca imaginamos. Nos encanta *La buena pelea*.

MARCO Y CARRIE, CASADOS 14 AÑOS

La primera vez que oímos a Les y Leslie decir que se puede usar el conflicto para hacer que nos acerquemos, tuvimos nuestras dudas. Pero después de leer *La buena pelea*, lo creemos verdaderamente. Nuestra relación nunca ha sido mejor.

DANIEL Y KATHY, CASADOS 6 AÑOS

Nunca hemos leído un libro como este. ¡Genial!

Para ser sinceros, nunca pensamos en la diferencia entre una buena pelea y una mala pelea. Ese primer capítulo abrió nuestros ojos, especialmente cuando se trata de nuestras peleas de toda la vida por dinero.

Nuestro pequeño grupo de parejas leyó *La buena pelea*. Nunca hemos estado tan vigorizados y emocionados por asistir al grupo. Verdaderamente, cada capítulo revela aplicaciones prácticas que nunca habíamos considerado.

La buena pelea nos mostró que aquello por lo que REALMENTE nos peleamos. Esa perspectiva ha hecho mucho más que cualquier cosa para refrenar nuestro conflicto.

A Scott y Theresa:
una pareja que hace más para ayudar a otras parejas
a pelear una buena pelea de lo que la mayoría sabrá jamás.

★ CONTENIDO ★

★ RECONOCIMIENTOS ★

WORTHY PUBLISHING ESTÁ A la altura de su nombre. Byron Williamson, presidente y editor, captó la visión para este libro desde el primer momento que lo mencionamos. Igualmente lo hizo Jeana Ledbetter, nuestra experta editorial. Jennifer Day y Tom Williams pulieron cada frase. Y el equipo de ventas, marketing y publicidad son uno de los mejores en el negocio: Dennis Disney, Morgan Canclini, Alyson White, Betty Woodmancy, y Sherrie Slopianka. No podríamos estar más agradecidos a toda la familia de Worthy por permitirnos publicar con ellos.

Tenemos una deuda especial con un puñado de parejas que literalmente leyeron juntos y en voz alta un primer borrador de este libro de una sola sentada. Viajaron desde diversas partes del país para hacer eso por nosotros, y cada una de ellas añadió un valor inmensurable al proyecto. Ranjy y Shine Thomas son dos de las personas más creativas, talentosas y generosas que conocemos (y tenemos los informes telefónicos de altas horas de la noche para demostrarlo). Brandon y Kristin Hill han soportado almuerzos tempranos los domingos después de la iglesia para ayudarnos a desarrollar nuestros pensamientos en este libro. Y es también Brandon quien nos convenció para hacer una competición de pulso de brazos, que fotografió para la portada del libro. Rich y Linda Simmons ofrecieron sabios consejos y sabiduría en múltiples ocasiones. Y Tim y Beth Popadic, que volaron a Seattle desde Palm Beach, Florida, han recorrido más que la milla extra para invertir en el mensaje de este libro con nosotros. De hecho, fue Tim, con su talento marca de la casa, quien avivó la llama para los eventos en vivo Fight Night con nosotros en ciudades por todo el país.

Un grupo de personas en Boulder, Colorado, también han participado en este proyecto. Estamos profundamente agradecidos a nuestros amigos de Rocky Mountain: Ryan Holdeman, Sara Meyer, Jeff Fray, Bob Brown, Brian McKinney, Caleb Hanson, Leora Weiner, Tory Leggat, Mark Ferguson, Brian Ledbetter, Ryan DeCook, Justin VanEaton, Liz Swanson, y Eric Swanson.

El Dr. John Gottman ha hecho más trabajo dedicado y constante sobre el lado empírico de entender los conflictos de pareja que nadie que conocemos. Y en cierto sentido, las semillas de este libro fueron plantadas por primera vez hace muchos años en un delicioso almuerzo que tuvimos con John con vistas al lago Washington. A lo largo de la escritura de este libro hemos aprendido de él.

Finalmente, queremos dar las gracias a cinco personas muy importantes en nuestras vidas. Sealy Yates es no solo un gran camarada en la industria editorial, sino también un gran amigo. Mandi Moragne, nuestro director de Amazing Customer Experiences, se ocupa de las personas a las que servimos en todo como nosotros. Janice Lundquist ha organizado nuestra vida en la carretera (y más) de una manera en que dos viajeros no tienen derecho alguno a esperar o pedir. Kevin Small, el presidente de nuestra organización sin ánimo de lucro, es increíblemente útil cada vez. Y Ryan Farmer, junto con su esposa Kendra, son bienes inimaginables para nuestros esfuerzos. Ryan añade valor a todo lo que toca, y no podríamos estar más agradecidos a él y a todo nuestro equipo que han trabajado tan duro por nosotros. No es posible poder expresar tanta gratitud.

★ INTRODUCCIÓN ★

CUANDO SE DESATA LA PELEA

El matrimonio es una larga conversación,
salpicada de disputas.

ROBERT LOUIS STEVENSON

"¿CUÁNTOS DE USTEDES HAN batallado alguna vez con el conflicto en su relación?". Es una pregunta que Leslie y yo hacemos con frecuencia a las parejas durante uno de nuestros seminarios para matrimonios.

La mayoría de manos se levantan sin vacilación alguna.

—Mantengan levantadas sus manos —les digo—. Miren a su alrededor. ¿Ven a las personas que no están levantando la mano? ¿Cómo las llamamos?

—¡Mentirosos! —responde la audiencia al unísono.

Es cierto. Ninguna pareja, a pesar de lo amorosa que sea, es inmune al conflicto. Es inevitable. La investigación reciente revela que se producen discusiones acerca de cosas pequeñas y molestas tanto como 312 veces al año en la pareja casada promedio.[1] Eso significa que la mayoría de parejas experimentan un tira y afloja de algún tipo casi a diario. Esto no significa que se pongan los proverbiales guantes de boxeo y suban al ring para librar una importante pelea; tan solo significa que el conflicto en el matrimonio, los pequeños roces, discusiones y riñas, son endémicos.

Incluso como "profesionales" que están casados, un psicólogo (Les) y una terapeuta de matrimonio y familia (Leslie), tenemos nuestra parte de forcejeos. Y somos los primeros en admitirlo; de hecho, tuvimos una de nuestras peores peleas justamente antes de que fuésemos a hablar sobre "el arte del amor" a un auditorio lleno de parejas deseosas de escuchar (hablaremos de eso más adelante). El punto es que si tenemos una relación, tendremos que aprender a pelearla, limpiamente.

AMOR Y GUERRA

Estábamos viajando en Beijing, China, un verano hace unos años, y nos invitaron al humilde hogar de algunos aldeanos fuera de la ciudad. Mediante un intérprete, Les comentó sobre las decoraciones de papel en brillante color rojo que había alrededor del pequeño marco de la puerta de aquella casa, por lo demás nada colorida, de dos habitaciones. Eso agradó mucho a la esposa y el esposo que allí vivían, y que sobrepasaban los ochenta años de edad.

> El conflicto es inevitable, pero el combate es opcional.
>
> MAX LUCADO

Cuando nos invitaron a entrar, nuestros anfitriones se inclinaron repetidamente y nos dirigieron a una mesa de madera que parecía tan vieja como ellos mismos. La casa estaba apenas iluminada con una única bombilla. Hacía calor y humedad; el aire estaba estancado y viciado. Ellos nos ofrecieron abanicos de mano, que con alegría aceptamos. Sin hablar mucho, pero diciendo unas pocas palabras en un inglés entrecortado, procedieron a demostrar el antiguo arte del *jianzhi*: corte del papel. En el proceso, nos dieron a cada uno un par de tijeras sorprendente modernas y una delgada hoja de colorido papel rojo, pidiéndonos que siguiéramos sus pautas. Dejamos a un lado nuestros abanicos de mano y con cuidado doblamos, y después cortamos con compleja precisión, el papel rojo para formar un misterioso símbolo chino.

Después de decenas y decenas de diminutos cortes, ambos abrimos nuestra obra.

—¿Qué es? —preguntó Les.

—Es un símbolo especial —dijeron nuestros anfitriones mediante el intérprete—. Se utiliza solamente en las bodas. Simboliza "doble felicidad".

Al examinar nuestro trabajo, nos enfrascamos en unas bromas entre nosotros acerca de cuál de nosotros había hecho un mejor trabajo al plegar y cortar el papel. Al observar ese intercambio y sabiendo solo algunas palabras en inglés, nuestros anfitriones creyeron que en realidad estábamos teniendo una pequeña disputa, hasta que nuestro intérprete les explicó nuestra charla bromista, haciéndoles saber que tan solo nos estábamos divirtiendo.

El esposo quiere que usted sepa que tenemos un dicho en China —nos dijo nuestro intérprete—. Hasta los dientes a veces muerden la lengua.

Antes de que pudiéramos pedir una explicación, nuestros anfitriones se reían con agrado. Y entonces este sabio esposo dijo lentamente:

—Hasta una pareja que se ama guerrea.

Todos nos reímos. El espíritu de su mensaje estaba claro. Estaba afirmando una verdad en el matrimonio que traspasa océanos y fronteras nacionales: incluso en la más cercana y más amorosa de las relaciones, a veces tenemos momentos dolorosos en los que "los dientes muerden la lengua".

Conflicto. Es generalizado, recurrente y universal.

ALIADOS, NO ADVERSARIOS

Tan solo porque dos personas discutan, no significa que no se amen la una a la otra. Y sencillamente porque no discutan, no significa que sí se aman. De hecho, hablando en general, las parejas que nunca se pelean están o bien redefiniendo la lucha para hacerles inmunes, o están caminando cuidadosamente sobre cáscaras de huevo para evitar decirse el uno al otro la verdad. Volveremos a decirlo: todas las parejas se pelean. La pelea es tan intrínseca al matrimonio como lo es el sexo. Y la meta de ambas cosas es hacerlo bien.

Como está a punto de ver en el primer capítulo, lo que importa es *cómo* peleamos, no *si* peleamos. Y la calidad de cómo discutimos es lo que determina la cercanía de nuestra relación. Múltiples estudios han identificado lo que separa a las parejas felices de las que no son tan felices. Una respuesta sale a la luz cada vez. Las parejas felices tienen una llave en cuanto a la sana resolución de conflictos. Saben cómo pelear bien. Las parejas que permanecen felizmente casadas tienen desacuerdos al igual que los tienen las parejas que se divorcian; pero ellas han aprendido a utilizar esos desacuerdos para profundizar su conexión. Han construido un puente sobre los problemas que de otro modo les dividirían. Sobre todo, las parejas felizmente casadas se ven el uno al otro como aliados, no como adversarios.

POR QUÉ ESCRIBIMOS ESTE LIBRO

Anne Meara, del equipo de comedia clásica Stiller y Meara, observó hace algún tiempo en una entrevista en el *New York Times* sobre sus más de 30 años de matrimonio: "¿Fue amor a primera vista? No lo fue entonces, pero seguro que lo es ahora".[2]

Ese sentimiento llega a lo que son nuestras intenciones al escribir este libro. Somos un ejemplo vivo del modo en que aprender a pelear una buena pelea puede acercar al esposo y la esposa. A lo largo de los años hemos escrito libros para parejas acerca de comunicación, sexo, empatía, educación de los hijos, espiritualidad, manejo del tiempo y personalidad, pero nunca un libro sobre el conflicto. Primero queríamos entenderlo bien. Por lo tanto, con más de 25 años para practicar lo que predicamos en este libro, estamos listos y deseosos de mostrarles lo que hemos aprendido.

Todo lo que hay en este libro, todo consejo y herramienta, ha sido probado por el tiempo en nuestra propia relación y con incontables parejas como la de ustedes. No encontrarán aquí clichés poco serios, estrategias necias y consejos estereotipados. Vamos a darles enfoques innovadores y a veces contraintuitivos que funcionan.

Si se están sintiendo especialmente atrincherados en un conflicto que parece casi imposible de cambiar o vencer, queremos que sepan que hay motivo para el optimismo. Podrían pensar que están destinados a una relación llena de tensión. No crean esa mentira. Un viejo proverbio dice: "Tendrás que acostarte en la cama como la hayas hecho". Eso es ridículo. No tienen que soportar una cama beligerante. Como dijo G. K. Chesterson: "Si he hecho que mi cama sea incómoda, por favor, Dios, la volveré a hacer". Pueden ustedes remodelar su matrimonio aprendiendo a luchar una buena pelea.

Ya sea que luchen poco o mucho, este libro es para ustedes. Ya sea que esté saliendo con alguien, este comprometido, sea recién casado haya estado casado durante décadas, este libro es para usted. Si están cansado

> El matrimonio es el modo que tiene la naturaleza de evitar que nos peleemos con extraños.
> ALAN KING

de riñas, peleas, altercados y conflictos que asaltan su vida amorosa, o si tan solo quieren asegurarse de no tenerlos, este libro es para ustedes. En estas páginas encontrarán ayuda para convertir esos tediosos momentos en hitos que marquen una intimidad más profunda y una mayor pasión el uno por el otro. Este libro es para cada pareja que quiera que su relación sea "amor a primera vista" ahora.

Dres. Les y Leslie Parrott
Seattle, Washington

★ CAPÍTULO 1 ★
LO QUE LA MAYORÍA DE PAREJAS NO SABEN SOBRE EL CONFLICTO

Sin presión, no hay diamantes.

MARY CASE

ACABÁBAMOS DE TERMINAR DOS días de dirigirnos a un exuberante grupo de parejas en el sur de Londres. Las instalaciones estaban a un par de manzanas de los afamados Abbey Road Studios, donde los turistas toman incontables fotografías de ellos mismos caminando sobre el paso de cebra para replicar la portada del álbum de los Beatles de 1969 *Abby Road*.

Después de nuestro seminario, nosotros también hicimos nuestras mejores imitaciones de Paul y Ringo. Teníamos el tiempo porque nos íbamos a tomar un par de días para celebrar nuestro aniversario de boda. Nuestros hijos estaban seguros en casa en Seattle con su abuela, así que estábamos despreocupados y sin ataduras; solamente nosotros dos.

Los aniversarios de boda son grandes ocasiones para nosotros, así que despilfarramos. Un bonito hotel, un tranquilo desayuno tardío después de despertarnos sin poner el despertador, un paseo mirando escaparates por Oxford Street, tomamos té en Fortnum y Mason esa tarde, cenamos unas estupendas costillas y pudding Yorkshire, seguido por cerezas de aniversario aquella noche en el Savoy Grill. Entonces, bajo un claro cielo nocturno, fuimos andando y agarrados de la mano por Westminster Bridge mientras contemplábamos la majestad del Big Ben, la icónica marca de Londres. ¿Extravagante? ¿Lujoso? ¿Delicioso? ¿Romántico? Sin ninguna duda. Toda la experiencia fue idílica; una para los libros de recuerdos.

Y entonces, de repente y sin advertencia, sucedió.

—Quiero comprar un par de sudaderas para los chicos —dijo Leslie.

—Mm —respondí yo mientras observaba a personas subirse a la parte trasera de un autobús—. ¿Por qué no tenemos autobuses de dos pisos en Seattle?

—¿Me has oído? —dijo Leslie un poco seria.

—Claro. Quieres comprar algo para los chicos.

—¿Recuerdas dónde vimos esas rojas cerca del hotel?

> La empatía es el don humano menos laureado.
>
> **JEAN BAKER MILLER**

—Están por todas partes —respondí yo con incredulidad mientras señalaba a una fila de autobuses rojos.

—Estoy hablando de sudaderas —dijo Leslie—. ¿Crees que aún estará abierto a esta hora?

—Estoy bastante seguro de que no podremos meter otras dos grandes sudaderas en nuestra maleta. Además, ¿crees que ellos realmente necesitan más sudaderas?

Sintiendo que iba a tener que defender un fuerte argumento para comprar las sudaderas, Leslie respondió con cierto tono en su voz:

—No voy a regresar a casa sin llevar algo para los chicos.

—Bien —respondí yo, pensando que aún podríamos alejar esa conversación del abismo—. ¿Qué te parece algo que sea más fácil de meter en la maleta?

—A ellos les encantan esas sudaderas con capucha. ¿Vas a ayudarme a encontrarlas o no? —preguntó Leslie, y abruptamente abrió un mapa de la ciudad.

—Yo solo digo...

—¡Ya sé lo que dices! —me interrumpió.

—¿Sí, de verdad? —dije yo con un tono cáustico—. ¿Qué estoy diciendo?

Leslie, después de haber encontrado algo en el mapa, o tan solo deseando haberlo encontrado, comenzó a caminar rápidamente, a un par de pasos por delante de mí, sin decir nada.

—¿Por qué caminas tan rápido? —le pregunté como si no lo supiera.

—Energía enojada —dijo ella sin aminorar ni un paso.

Caminamos en silencio algunos pasos más, con Leslie marchando dos pasos por delante de mí.

—¿Energía enojada? —pregunté con una intriga genuina y una pequeña sonrisa en mi voz. Me refiero a que fue un comentario bastante astuto para alguien que estaba tan perturbado.

Ella no respondió.

Al final de la manzana, al esperar que cambiase el semáforo, sin embargo, ella dijo:

—Quizá deberíamos detenernos aquí durante un rato.

Señaló un cartel sobre un edificio histórico: "Cabinet War Rooms" (Salas del gabinete de guerra).

Yo sonreí.

Ella sonrió.

Y aquello fue todo.

Encontramos un punto de inflexión. La tensión de nuestra breve pero helada riña estaba a punto de derretirse. Sin decir una palabra más, nos agarramos otra vez de las manos y seguimos caminando durante buena parte de la manzana. La presión había desaparecido, pero necesitábamos un momento para dejar que nuestros corazones volvieran a calibrarse.

Caminamos algunos pasos más y Leslie apretó mi mano un poco para decir que estaba conmigo. Yo capte el mensaje y apreté la suya.

—¿Comprobamos si está el Primer Ministro? —pregunté cuando llegamos a Downing Street.

—Probablemente se esté ocupando de un conflicto internacional en alguna otra parte —dijo ella, sabiendo que me estaba lanzando una pelota fácil.

—O quizá uno con su esposa —respondí yo.

Caminamos algunos pasos más y dimos la vuelta a la esquina, de modo literal y metafórico.

—Hicimos un buen trabajo ahí —dijo Leslie, con mi mano aún agarrada.

Yo sabía exactamente a lo que se refería.

Estábamos felicitándonos tranquilamente a nosotros mismos por haber arruinado lo que podría haberse convertido en una pelea en toda regla. A pesar del estallido, seguíamos siendo un "nosotros". Habíamos evitado una pelea que quería interponerse entre nosotros. Habíamos dado la vuelta a nuestra pequeña riña en tan solo unos momentos, y sabíamos que éramos más fuertes debido a ello. Al principio de nuestro matrimonio, el mismo tipo de pelea podría haberse convertido en una contienda que habría arruinado todo el viaje. Uno de nosotros habría recurrido a pelear sucio, saboteando la solución con santurrona culpabilidad o subiendo la apuesta al disparar al carácter del otro.

Pero no ahora. Hemos llegado a ser más sabios con respecto a los caminos de la pelea callejera matrimonial. Hemos aprendido a cortarla de raíz antes de que ella nos corte a nosotros. Nada de sangre. Ninguna cicatriz. Ni siquiera un arañazo. Hemos aprendido una manera mejor que realmente nos acerca. En pocas palabras, hemos aprendido la diferencia entre pelear con honor y pelear sin él. Y lo primero es siempre mejor.

UNA AUTOPSIA CONVERSACIONAL

Todos sabemos que el conflicto tiene el potencial de causar daño, resentimiento y estrés. Inevitablemente puede aumentar la hostilidad y robar a las parejas valioso tiempo y energía. Elimina la intimidad y separa a parejas que se aman.

Esa pequeña riña que tuvimos en Londres estaba lista y preparada para hacer precisamente eso. Íbamos bien en un momento y entonces, repentinamente, estábamos enojados el uno con el otro. ¿Cómo pudo suceder eso? Estábamos disfrutando de lo que seguramente es uno de los mejores días que podríamos haber soñado nunca, y de repente nos vemos golpeados por una tonta pelea que ninguno de nosotros vio venir.

Hemos hecho suficientes autopsias a nuestras potenciales peleas a lo largo de los años que hemos llegado a llamar a esa práctica una "autopsia conversacional". A continuación está el modo en que cada uno de nosotros vio esa:

Leslie: Desde mi perspectiva, Les no sabía que a medida que iba transcurriendo la noche, yo me estaba dando cuenta de un problema: me iba a quedar sin tiempo para poder comprar algo bonito para nuestros hijos. No solo eso, ambos necesitaban una sudadera para el comienzo de la escuela, y yo sabía que les encantarían las que habíamos visto en un escaparate anteriormente. No le mencioné antes eso a Les, y por eso no estaba en su radar. Y no fue justo por mi parte esperar que él supiera todo eso. Pero eso no es todo. Les no sabía que yo estaba en los días premenstruales; y entonces ese hecho tampoco lo tuve en cuenta.

Les: Desde mi perspectiva, me sorprendió que Leslie de repente se estuviera volviendo orientada hacia las tareas cuando sencillamente estábamos disfrutando de la noche. Cuando ella dijo que no regresaría a casa sin comprarles algo a nuestros hijos, sentí como si estuviera diciendo que a mí no me importaba llevarles un regalo a nuestros hijos que les gustase. Me sentí juzgado. Pero lo que ella realmente quiso decir es que ella ya había decidido lo que sería mejor para ellos y supuso que yo estaría de acuerdo. Y desde luego, nunca me di cuenta de que sus hormonas podrían estar contribuyendo a la mezcla.

Todos esos factores desde nuestras perspectivas se añadieron a la misteriosa amalgama de motivos, percepciones y suposiciones que crearon una tensión inesperada entre nosotros. Al menos, eso es lo mejor que podemos sacar de ello al verlo en retrospectiva. Quizá por eso sucedió o quizá no. Lo fundamental es que esas pequeñas minas terrestres explotan sin advertencia para cada pareja. Es un hecho dado. Lo que importa es cómo las manejemos.

> Más que cualquier otra única deficiencia, creo que la falta de empatía mutua es lo que da como resultado que se blandan lanzas en el matrimonio.
>
> BERNARD GUERNEY

No siempre hemos sabido cómo manejar nuestros conflictos, y hemos tenido algunos verdaderos ejemplos sorprendentes a lo largo del camino. Como la pelea que surgió en nuestro auto hace algún tiempo una mañana de sábado mientras hacíamos recados y que no terminó verdaderamente hasta el día siguiente. ¿El conflicto? Fue una conversación circular acerca de quién estaba poniendo más peso en el frente del hogar. En pocas palabras, era una guerra sobre las tareas domésticas. Y cada uno de nosotros había trazado una línea de batalla. Ambos nos quedamos en nuestra terquedad y decididos a demostrar que el otro estaba equivocado.

—Sería bonito si en alguna ocasión realmente pudieras echar una mano—dijo Leslie con sarcasmo.

—¿De verdad? —respondió Les—. ¿Realmente vas a decir que yo no ayudo?

—¿Necesito decirlo?

—¡Parece que sí!

—Muy bien, entonces *no* ayudas.

—¿Qué quieres que haga que no esté haciendo? —Les hizo la pregunta como si Leslie tuviera que pensar mucho tiempo para responder. Ella no lo hizo.

—¿Cuántas cosas quieres que te diga?

—Vamos.

—Comencemos con sacar la basura.

—¡Sí que la saco!

—Entonces ¿por qué tenemos un montón de basura en nuestro garaje desde hace dos semanas?

—¡Ah, vamos! Sabes que estuve viajando y...

—Y no la sacaste antes de irte.

Estuvimos hablando así durante todo el día, con acusaciones pasando a varias tareas: limpiar cuartos de baño, trabajo del jardín, y otros. Y cuando no estábamos hablando de ello, estábamos construyendo nuestro caso y reuniendo nuestra munición para cuando surgiera la batalla una vez más. Cada uno de nosotros estaba mucho más interesado en ganar la pelea que en resolverla. Estábamos en una seria lucha de poderes, el juego de la culpa de máxima categoría, y estábamos peligrosamente cerca de subestimarnos el uno al otro con verdadero desprecio. En pocas palabras, estábamos librando una verdaderamente mala pelea.

En ese momento, no sabíamos realmente que era una mala pelea, porque en los primeros tiempos de nuestro matrimonio ni siquiera sabíamos que hubiera una distinción entre una buena pelea y una mala pelea. Tan solo pensábamos que una pelea es una pelea. Pero eso está lejos de la verdad.

Para manejar de modo eficaz cualquier conflicto, tenemos que conocer la diferencia entre una buena pelea y una mala pelea.

CUANDO NOS QUITAMOS LOS GUANTES

Los profesionales solían creer que las parejas que eran más dadas a tener discusiones eran las menos satisfechas con su matrimonio. Los estudios que condujeron a esos descubrimientos, sin embargo, no distinguían entre los tipos de peleas que estaban teniendo las parejas.[1] A decir verdad, la diferencia entre un matrimonio que es más feliz a medida que pasa el tiempo y otro que es más miserable no es *si* pelean sino *cómo* pelean.

Todas las peleas no se crean igual. Una buena pelea, en contraste con una mala pelea, es útil y no dañina. Es positiva y no negativa. Una buena pelea se mantiene limpia mientras que una mala pelea se ensucia. Y el 93 por ciento de las parejas que pelean sucio estarán divorciadas en 10 años, según investigadores de la Universidad de Utah.[2] Otro estudio de la Universidad Estatal de Ohio mostraba que las discusiones matrimoniales poco sanas contribuyen significativamente a un mayor riesgo de ataques al corazón, dolores de cabeza, dolor de espalda y todo un conjunto de problemas, sin mencionar la infelicidad.[3] Al final, las malas peleas conducen a matrimonios que apenas pueden respirar, y finalmente mueren.

> El respeto es una calle de dos direcciones, si uno quiere obtenerlo, tiene que mostrarlo.
> R. G. RISCH

De hecho, los investigadores pueden ahora predecir con un 94 por ciento de exactitud si una pareja permanecerá junta o no basándose únicamente en cómo pelean.[4] No *si* pelean sino *cómo* pelean.

La línea que separa las buenas peleas de las malas no es borrosa. La investigación marca la diferencia claramente. El siguiente esquema lo bosqueja con claridad:

	MALA PELEA	BUENA PELEA
META	Ganar la pelea	Resolver la pelea
TEMA	Problemas superficiales	Problemas subyacentes
ÉNFASIS	Personalidades y luchas de poder	Ideas y problemas
ACTITUD	Confrontacional y defensiva	Cooperativa y receptiva
MOTIVACIÓN	Echar la culpa	Asumir responsabilidad
MODO	Subestimar	Respetar
MANERA	Egocéntrica	Empática
CONDUCTA	Farisaica	Comprensiva
EFECTO	Escalada de tensión	Liberación de tensión
RESULTADO	Discordia	Armonía
BENEFICIO	Estancamiento y distancia	Crecimiento e intimidad

Las discusiones en que una o la otra parte se pone a la defensiva o es testaruda, o se retira, son particularmente destructivas. Menospreciar y culpar también son tóxicos. La lista de cualidades que constituyen una mala pelea podría continuar, pero si tuviéramos que resumir la esencia de una mala pelea en un solo ingrediente, si tuviéramos que resumirla en una sola palabra, tendría que ser *orgullo*.

PELEA POR ORGULLO

En *Amor en tiempos del cólera*, el laureado Nobel Gabriel García Márquez retrata un matrimonio que se desintegra por una barra de jabón. Era tarea de la esposa mantener la casa en orden, incluyendo las toallas, el papel del baño y jabón en el baño. Un día ella se olvidó de sustituir el jabón. Su esposo exageró la situación: "Me he estado bañando durante casi una semana sin jabón". Ella negó vigorosamente haber olvidado de sustituir el jabón. Aunque ciertamente lo había olvidado, su orgullo estaba en juego, y ella no quería dar un paso atrás. Durante los siete meses siguientes durmieron en habitaciones separadas y comieron en silencio. Su matrimonio sufrió un colapso.

> Amor es honestidad. Amor es un respeto mutuo en uno por el otro.
> SIMONE ELKELES

"Incluso cuando fueron viejos y plácidos —escribe Márquez—, tenían mucho cuidado en cuanto a sacar el tema, porque las heridas apenas sanadas podrían comenzar a sangrar otra vez como si hubieran sido causadas ayer". ¿Cómo puede una barra de jabón arruinar un matrimonio? La respuesta es sencilla: orgullo. Tanto esposo como esposa se estaban aferrando a él sin piedad. El esposo no quería pasar por alto una ofensa. La esposa no quería admitir un error. Ninguno de los dos quería soltar su necesidad de "ganar", de demostrar al otro que era superior.

La Biblia lo dice claramente: "El orgullo conduce al conflicto".[5] Es así de sencillo. Un espíritu orgulloso evita que cooperemos, seamos flexibles, nos respetemos, nos comprometamos y resolvamos. En cambio, alimenta la defensiva y la discordia.[6] Se interpone en el camino de decir "lo siento". Vive según el lema: "La única pelea injusta es la que uno pierde". El orgullo egoísta está en el corazón de toda mala pelea. La investigación muestra que cuando el orgullo se establece en una de las partes, seguirá una discusión el 34 por ciento de las veces aunque la persona sepa que está equivocada, o ni siquiera pueda recordar de qué se trataba la pelea. Y un 74 por ciento de las veces habrá pelea aunque se sienta que "es una batalla perdida".[7]

Seamos claros: el orgullo saludable, la emoción agradable de ser agradados por nuestro trabajo, es muy diferente del orgullo insano, en el cual nuestro ego se hincha. El segundo está lleno de arrogancia y desprecio. Y de eso estamos hablando aquí.

No tenemos que ser unos egocéntricos para sufrir orgullo insano. Tiene su manera de colarse secretamente entre las rendijas de nuestros conflictos incluso aunque conscientemente nos inclinemos a evitarlo. Eso es lo que hace que sea tan tóxico y retorcido. "Mediante el orgullo siempre nos engañamos a nosotros mismos —dijo Carl Jung—. Pero muy por debajo de la superficie de la conciencia promedio, una suave y dulce voz nos dice que algo está fuera de tono". Ya conoce el sentimiento de estar fuera de tono. Todos lo conocemos. Nace de la tensión entre ser el tipo de persona que queremos ser y nuestro temor a ser engañados. No queremos ser orgullosos pero tampoco queremos ser timados. Eso es lo que causa que entre el orgullo. Y es entonces cuando comprendemos, en lo profundo de nuestro ser, que hemos tomado el camino más bajo. Y casi siempre, se hace incluso más difícil admitir ante nosotros mismos este horrible sentimiento, y menos ante nuestro cónyuge, de modo que perpetuamos nuestro orgullo.

El antídoto para el orgullo insano es, desde luego, la humildad. Y la palabra de la cual obtenemos *humildad* significa literalmente "de la tierra". En otras palabras, la humildad se baja de su alto caballo para ser común y manso. La humildad no es para cobardes. Es arriesgada. La humildad nos hace vulnerables a que jueguen con nosotros o nos hagan vernos como tontos. Pero también hace posible todo lo demás que verdaderamente queremos ser. El autor británico del siglo XVII William Gurnall dijo: "La humildad es el velo necesario para todas las otras gracias". Sin humildad, es casi imposible engendrar bondad y calidez con nuestro cónyuge. Sin humildad, es imposible luchar una buena pelea, el tipo de pelea que nos acerca el uno al otro.

> La reverencia reduce la hostilidad.
> TOBA BETA

LA ANATOMÍA DE UNA BUENA PELEA

La piedra angular de la educación de todo médico es la anatomía. La palabra *anatomía* se remonta al menos hasta el año 1600 a.c. en Egipto, y literalmente significa "abrir". Sin haber abierto cuerpos humanos para tener una comprensión de lo que constituye la anatomía humana, sería imposible que los médicos practique una buena medicina. De la misma manera, las parejas no pueden practicar una buena pelea hasta que entiendan la sustancia de una buena pelea. Necesitamos abrirla y ver de qué está hecha.

La siguiente no es una lista exhaustiva de lo que constituye una buena pelea. Es un vistazo a cuatro elementos críticos, los esenciales más profundos y centrales. Son fáciles de recordar: Cooperación, Posesión, Respeto y Empatía.

Cooperación. Los buenos luchadores pelean para que ambas partes ganen

Un estudio aparecido en *Psychological Science* descubrió que, cuando se trata de parejas, los mejores discutidores son quienes trabajan en tándem con su cónyuge. Según el estudio, la persona que dice más veces "nosotros" durante una discusión sugiere las mejores soluciones. El estudio citaba a investigadores de la Universidad de Pennsylvania y la Universidad de Carolina del Norte en Chapel Hill que utilizaron un análisis estadístico para estudiar a 59 parejas. Los cónyuges que utilizaban pronombres de segunda persona (tú) tendían hacia la negatividad en las relaciones. Quienes hacían uso del pronombre personal plural (nosotros) proporcionaban soluciones positivas a los problemas.

El estudio concluyó: "Quienes usaban 'nosotros' puede que tengan un sentimiento de intereses compartidos que hace surgir compromiso y otras ideas agradables para ambas partes. Quienes decían 'tú', por el contrario, tienden a criticar, estar en desacuerdo, justificar y formar equipo con la negatividad".[8]

¿Cómo cultivamos un espíritu de cooperación cuando un conflicto se acalora? Puede ser un desafío. La buena noticia es que la cooperación es un conjunto de habilidades que pueden aprenderse. Y cuanto más lo practiquemos, más fácil se vuelve. La clave de la cooperación se encuentra en ajustar el conflicto desde "ganar-perder" a "ganar-ganar". El conflicto no es una competición. El matrimonio no es un juego donde unos ganan y otros pierden. El que todos ganen es un modo de pensar y un corazón que busca el beneficio mutuo. Es una actitud que dice: "Si tú ganas, yo también gano". Es comprometerse a encontrar soluciones que beneficien a ambas partes de una disputa. Existe un sentimiento de "nosotros" en una situación donde todos ganan.

> Sin honra, todas las destrezas matrimoniales que uno pueda aprender no funcionarán.
> **JOHN GOTTMAN**

Pero seamos sinceros. No todas las disputas tienen una solución para ambas partes. En una pizarra de anuncios que hay en nuestra cocina está una tira cómica que muestra a un gato y un perro delante del tribunal de un juez. El perro está diciendo: "Pongámonos de acuerdo en estar en desacuerdo". Cuando no se puede encontrar una solución en que ambos ganen, es momento de hacer precisamente eso: acordar estar en desacuerdo.

La frase apareció por primera vez impresa en 1770 cuando el teólogo inglés Juan Wesley escribió un homenaje para su amigo y colega George Whitfield. Los dos tenían sus diferencias doctrinales y ninguno se movió; pero como dijo Wesley, se aferraron juntos a los puntos esenciales. En otras palabras, su amistad continuó a pesar de los asuntos en los que no estaban de acuerdo. Ese tipo de actitud, cuando es compartida por esposo y esposa, es la que crea una situación en la que ambos ganan incluso cuando siguen estando en desacuerdo.

Posesión: Los buenos luchadores poseen su pedazo del pastel

Quizá haya leído la pegatina en un auto: "El hombre que puede sonreír cuando las cosas van mal acaba de pensar en alguien a quien culpar". Tristemente, eso no está a veces demasiado lejos de la verdad cuando se trata de conflicto y parejas. Es muy tentador jugar al juego de culpar. ¿Por qué? Porque creemos que eso nos librará. De modo que decimos cosas como las siguientes:

- No estaríamos en este lío si supieras cómo manejar nuestro dinero.
- ¡Tú eres el que siempre está enojado! No yo.
- Si fueses puntual, no nos habríamos perdido la cena.

Cuando culpamos a nuestro cónyuge (o a cualquier otra cosa), cambiamos la responsabilidad. Pensamos que nuestro sofisticado trabajo nos deja libres. Desde luego, no funciona de ese modo. La culpa solamente exacerba el conflicto. En el ring de boxeo lo llaman "bloqueo" cuando uno tuerce los hombros para evitar que el puñetazo del contrario dé directamente en el torso. En una relación lo llamamos excusa: "No vi las facturas hasta ahora".

Si no intentamos bloquear la culpa con una excusa, podríamos lanzar un puñetazo: "¿De verdad? Entonces ¿soy *yo* quien no sabe cómo manejar nuestro dinero? Hablemos sobre lo que compraste el fin de semana pasado". Una discusión como esa puede continuar y continuar, hasta que una persona en la pelea deja de señalar con el dedo y comienza a tomar posesión.

En la película final de la clásica serie de boxeo *Rocky*, un Balboa ya mayor le dice lo siguiente a su hijo: "Tienes que estar dispuesto a aceptar los golpes y no señalar con el dedo, ¡diciendo que no estás donde quieres estar debido a él, a ella, o a cualquiera! Los cobardes hacen eso, ¡y tú no lo eres!".

El juego de la culpa *es* para cobardes. La posesión requiere valentía. Es necesario tener entereza para *no* ser una víctima. Cambiar la culpa inmediatamente nos deja impotentes, pero cuando tomamos posesión de nuestro proverbial pedazo del pastel del conflicto, al instante estamos capacitados para encontrar juntos una solución. Decimos cosas como:

- **Es injusto por mi parte pensar que podrías cuadrar los libros con la semana que has tenido.**
- **Admito que me estoy sintiendo enojado aquí, y no sé qué hacer.**
- **No pensé en el tráfico cuando programé la cena. Eso fue un error.**

Esas son palabras de posesión. Son como un puñetazo al plexo solar de la culpa.

Cuando Andy Stanley realizaba algo de consejería matrimonial como pastor de su ahora megaiglesia en Atlanta, agarraba un cuaderno de papel, dibujaba un círculo y le decía a una pareja en conflicto: "Este es un pastel que representa todo el caos en su matrimonio. Ahora bien, el 100 por ciento de la culpa está en el pastel, porque es ahí donde está todo el caos". Entonces les daba una pluma y decía. "Quiero que dibujen un pedazo del pastel que crean que representa su responsabilidad por el caos".

¿Son ustedes capaces de hacer eso? Es difícil. Da miedo. Los seres humanos aborrecemos la vulnerabilidad que proviene de asumir responsabilidad. Nada nos hace sentir más vulnerables que admitir nuestras imperfecciones, nuestros errores o nuestra necesidad. Nos abre a ser criticados, y preferimos encontrar algo o alguien a quien culpar. Admitir alguna debilidad, algún error, creemos que nos hace vulnerables al rechazo. Y así es. Ese es el riesgo de tomar posesión. Por eso una buena pelea no es para cobardes.

Todos haríamos bien en aceptar el sabio consejo del poeta Ogden
Nash:

Para que su matrimonio rebose

De amor en la copa del amor,

Admita cuando esté equivocado;

Guarde silencio cuando tenga razón.

Respeto: Los buenos luchadores se alejan del desprecio

A unos pasos de nuestras oficinas en el campus de la Universidad
Seattle Pacific se puede cruzar un canal que une Puget Sound al lago
Washington e ir por un camino que llevará hasta la Universidad de Washington. En ese campus es donde la investigación más

> La confrontación debería
> siempre dejar intacta
> la dignidad de la persona.
> A. J. ANGLIN

innovadora sobre matrimonio se ha realizado jamás. En 1986, el Dr.
John Gottman fundó un laboratorio de investigación con fondos del
Instituto Nacional de Salud Mental en el que utilizaba video, monito-
res de ritmo cardiaco y medidas de amplitud de pulso para codificar
la conducta y la psicología de cientos de parejas que estaban en diferentes puntos en su relación. Él ha realizado un trabajo sobre el conflicto en el matrimonio mucho mejor que cualquiera que conozcamos.
Y mientras almorzábamos un día en un pintoresco restaurante entre
nuestros dos campus, le preguntamos a John qué única cualidad que
era más perjudicial para el bienestar de una pareja.

El Dr. Gottman no tuvo que pensarlo dos veces. Dijo: "Es el menosprecio. El menosprecio es tan letal para el amor que debiera ser
declarado ilegal". Prosiguió a hablarnos de lo predictivo que es el
menosprecio de problemas e incluso el divorcio de una pareja.
Menosprecio es cualquier comentario despreciativo que haga que el
cónyuge se sienta que mide un centímetro. Con frecuencia es sarcástico: "Te queda mucho, Einstein, eres un genio regular". De hecho, ni

siquiera tiene que ser pronunciado. El Dr. Gottman nos dijo que incluso cuando uno de los cónyuges levanta las cejas ante su pareja, es tóxico. El menosprecio comunica desdeño, desaprobación y deshonra. En pocas palabras, el menosprecio comunica falta de respeto. Sabotea un elemento clave de una buena pelea.

Todo el mundo quiere respeto. Tachemos eso. Todo el mundo *necesita* respeto. No podemos tener una relación sin él. Una actitud de respeto construye un puente de confianza entre esposo y esposa incluso cuando se sienten en desacuerdo. Sin

> Puedo ganar una discusión sobre cualquier tema, contra cualquier oponente. Las personas saben eso, y se alejan de mí en las fiestas. Con frecuencia, como una señal de su mayor respeto, ni siquiera me invitan.
>
> DAVE BARRY

embargo, el respeto hace algo más que refrenar el menosprecio; nos ayuda a escuchar antes de hablar; nos lleva a entender antes de emitir un juicio.

Nuestros dos hijos, cuando estaban en la escuela primaria, querían aprender artes marciales. Los apuntamos a clases de karate. Mientras observábamos desde las bandas del salón de entrenamiento (el dojo), quedamos impresionados por la primera lección del instructor. Él les dijo a los muchachos que cada entrenamiento y cada pelea comienza y termina con una reverencia. "Es una señal de respeto por su contrincante", les dijo. No es una mala lección para la vida. El respeto, incluso para alguien que desafía, es honorable y bueno.

El respeto mantiene a raya el menosprecio y también crea seguridad dentro de la relación. Para parafrasear a Benjamín Franklin, el respeto asegura que incluso cuando no decimos lo correcto, dejamos sin pronunciar lo incorrecto en el momento más tentador. Por eso el respeto es esencial para pelear una buena pelea.

Empatía: Los buenos luchadores se ponen en el lugar del otro

Durante años hemos viajado por Norteamérica y otros lugares realizando seminarios para matrimonios; y en algún momento en casi cada seminario le decimos a nuestra audiencia que si pudiéramos presionar un botón mágico para que mejoraran al instante su relación, les daría abundancia de empatía. ¿Por qué? Porque la empatía, esa capacidad de ver con precisión el mundo desde la perspectiva de su pareja, es la acción de amor más potente y regularmente satisfactoria que podamos realizar. Desgraciadamente, hay muy poca provisión de ella cuando las parejas están en conflicto.

Alguna vez habremos dicho cosas como las siguientes:

• Sencillamente no le entiendo.
• No tengo idea alguna de lo que le haría feliz.
• Estamos sencillamente hablando y él explota sin razón alguna.
• No entiendo por qué ella sigue sacando el tema.

Cada una de las afirmaciones revela una falta de entendimiento, una falta de empatía.

Pero escuchen lo siguiente. Si quieren aumentar al instante y de modo dramático las probabilidades de experimentar una buena pelea, quizá solamente necesiten poner en práctica esta cualidad central de la empatía. ¿Por qué? Porque la investigación demuestra que el 90 por ciento de las riñas matrimoniales pueden resolverse si lo único que la pareja hace es ver exactamente el problema desde la perspectiva del otro. No pasemos por alto este punto: nueve de cada diez veces, los conflictos son resueltos cuando las parejas se sitúan el lugar del otro.

Lo llamamos intercambio de lugares, y hemos sido testigos de su sencillo poder con numerosas parejas. En una ocasión, acompañamos a una pareja con conflicto a un centro comercial local. Ellos se peleaban por el dinero, repetidamente. Él quería gastar y gastar, y ella era una ahorradora. Ninguno de los dos podía ver el dinero desde el punto de vista del otro; hasta que les hicimos intercambiar lugares. Les hicimos entrar en una tienda y hacer todo lo posible para pensar, actuar y hablar como la otra persona. La esposa inmediatamente se sentó en una silla que estaba en oferta y dijo:

—Tenemos que comprar esto.

—No, cariño —respondió el esposo—. No tenemos dinero para eso.

—Pero está en oferta —continuó ella.

—Si está en oferta ahora, estará en oferta más adelante.

Ambos ocuparon el papel de la otra persona con una facilidad sorprendente. ¿Y el resultado? Después de solo unos minutos, los dos se estaban riendo por la experiencia. Pronto comenzaron a entrar en el mundo del otro por primera vez. Hablaron sobre cómo fue educado cada uno de ellos en cuanto a cuestiones de dinero. Hablaron sobre lo que significaba personalmente para ellos. Sin tener que ayudarles nosotros, incluso hablaron sobre lo que podrían hacer para situarse en el mismo paso financieramente hablando para disminuir la tensión.

Ese es el poder de la empatía.

Aquí lo tenemos. Lo fundamental de una buena pelea se compone de cooperación, posesión, respeto y empatía. Cuando adopten estas cualidades, sus peleas nunca serán igual. De hecho, como estamos a punto de ver, cosecharán las recompensas que solamente dos buenos luchadores disfrutan.

PARA LA REFLEXIÓN

- Repasen el breve esquema en este capítulo que traza una línea entre las buenas peleas y las malas peleas. Si honestamente tuvieran que situarse en un lado o el otro de esa línea en los últimos conflictos que han experimentado, ¿dónde estarían en cada una de las cualidades enumeradas?

- ¿Están de acuerdo en que el orgullo está en el centro de una mala pelea? ¿Por qué o por qué no? ¿Y pueden identificar un ejemplo del modo en que el orgullo alentó una mala pelea en su propia vida? ¿Qué sucedió y cómo habría sido diferente si el orgullo no hubiera estado presente?

- Al considerar el núcleo de una buena pelea (cooperación, propiedad, respeto y empatía), ¿cuál de los cuatro elementos resulta más fácil? ¿Cuál les resulta más difícil demostrar? ¿Por qué?

★ CAPÍTULO 2 ★

LOS SORPRENDENTES BENEFICIOS DE UNA BUENA PELEA

La mayor de todas los faltas, debería decir,
es no ser consciente de ninguna.

THOMAS CARLYLE

COMENCEMOS CON UN GRAN beneficio que viene de aprender a pelear bien: la investigación demuestra que las parejas que aprenden a discutir productivamente, comparadas con parejas que no lo hacen, recortan por la mitad sus probabilidades de divorcio.[1] No está mal, ¿verdad? De hecho, si ese fuera el único beneficio de aprender los rudimentos de una buena pelea, sería suficiente. Después de todo, todos queremos que nuestro amor recorra la distancia. Pero pelear bien produce más beneficios que ese. Una pelea sana no solo nos mantiene juntos, sino que también hace que nuestro matrimonio sea mejor en numerosos aspectos. Veamos algunos de estos otros beneficios.

AUTENTICIDAD: UNA BUENA PELEA NOS MANTIENE GENUINOS

"El matrimonio no tanto le lleva a la confrontación con su cónyuge, sino a la confrontación con usted mismo", dice Tim Keller, pastor fundador de la iglesia Redeemer Presbyterian en la ciudad de Nueva York. ¿Acaso no es esa la verdad?

El matrimonio es el vínculo más cercano posible entre dos personas. Legalmente, socialmente, emocionalmente y físicamente no hay otro medio de llegar a estar tan cerca de un ser humano. Es esta extraordinaria cercanía la que nos impulsa al matrimonio. Anhelamos pertenecer a otra persona que nos conoce y nos ama como ninguna otra persona en este mundo. Este tipo de intimidad es el combustible del matrimonio. Sin intimidad, la vida se vuelve horriblemente fría y solitaria; por lo tanto, nos adentramos en el matrimonio y entregamos nuestro corazón a cambio de otro para descubrir la expresión más profunda y más radical posible de conexión humana.

> Si manejamos el conflicto de modo constructivo, nos aseguramos su energía para la creatividad y el desarrollo.
> KENNETH KAYE

Finalmente, sin embargo, las parejas también descubren que tal cercanía crea confrontación. ¿Por qué? Porque el matrimonio viene con un espejo incorporado. Nuestro cónyuge, por defecto, se convierte en un observador de nuestra vida a tiempo completo; y nosotros hacemos lo mismo con respecto a él o ella. Nos convertimos en testigos de casi todo lo que la otra persona dice o hace. Comenzamos a ver, tanto en el otro como en nosotros, nuestras conductas, actitudes y motivaciones como nunca antes. Damos y recibimos comentarios, sean requeridos o no, que pueden sin lugar a duda molestarnos, pero también nos hacen mejores. Aumentan la conciencia de nosotros mismos y nos hacen ser más congruentes, más auténticos.

La autenticidad se produce cuando nuestros pensamientos, palabras, sentimientos y acciones están en consonancia. En la intimidad del matrimonio, no podemos tan fácilmente creer que somos de una manera cuando, de hecho, en realidad somos de otra. Al menos no cuando estamos lo bastante seguros para ser honestos y dispuestos a hablar la verdad.

Pero incluso en la más amorosa de las relaciones, decir la verdad puede causar conflicto. Robert Louis Stevenson advirtió: "Al casarse, usted ha introducido conscientemente a un testigo en su vida... y ya no puede cerrar los ojos de la mente a situaciones delicadas, sino que debe enfrentarse a ellas y poner nombre a sus acciones".[3] ¿Por qué? Porque si no lo hace, su cónyuge lo hará.

Un esposo está hablando por teléfono y, cuando cuelga, su esposa se acerca y dice: "¿Te he oído darte el mérito por organizar ese esfuerzo voluntario al teléfono ahora mismo? Pensé que Ana había hecho todo el trabajo". Una sencilla pregunta y comentario como ese por parte de su monitor vivo debería hacerle reflexionar en su conducta; pero su necesidad de honestidad no es probable que sea su primera reacción, ¿verdad? Es probable que se ofenda porque su integridad esté siendo cuestionada. Podría enojarse porque su esposa estaba escuchando una conversación. Pero cualquier cosa que haga, es probable que haya una riña. Ha sido arrinconado, y entra en juego su instinto de lucha.

Sin embargo, si dejamos a un lado nuestro orgullo y debatimos para resolverlo con una buena pelea, saldremos de ello con más integridad, más congruencia. Saber que tenemos ese monitor incorporado de nuestras palabras y acciones debería hacer mucho para mantener nuestras palabras y acciones en consonancia con la verdad.

Cuando nuestro cónyuge nos dice que hablamos bruscamente a un camarero en un restaurante, o cuestiona nuestros motivos para disciplinar a un hijo, está haciendo que nos confrontemos con nosotros mismos, incluso con la parte de uno mismo que preferiríamos evitar. Claro que eso puede causar tensión; puede desencadenar una riña. Pero cuando luchamos bien, también nos ayuda a quitar las pretensiones y la deshonestidad. Una buena pelea mantiene la autenticidad en nosotros mismos y en la relación. Y cuanto más auténticos seamos como personas, más sana será la relación.

CLARIDAD: UNA BUENA PELEA ARROJA LUZ

Las populares películas de *Shrek* cuentan la historia de un ogro grande y verde llamado Shrek que se enamora de la princesa Fiona. Finalmente se casan y entonces viajan al castillo de los padres de Fiona para que Shrek reciba la bendición de su padre. La visita no va bien, y Shrek y Fiona comienzan a pelearse.

Después de estar en desacuerdo con el padre de Fiona, Shrek irrumpe en la recámara de Fiona y comienza a reunir sus cosas. A medida que se desarrolla la primera crisis de los recién casados, sus voces se elevan de volumen cada vez más hasta que se están gritando el uno al otro.

—Te dije que venir aquí era aún una mala idea —dice Shrek.

—Al menos podrías haber intentado llevarte bien con mi padre —responde Fiona.

—Mira, de alguna manera no creo que fuese a obtener la bendición de papá incluso si la quisiera.

—Bueno, ¿crees que estaría bien si alguien me preguntase lo que yo quería?

—Claro —responde Shrek con un tono sarcástico—. ¿Quieres que haga las maletas por ti?

—Eres increíble —dice Fiona—. Te estás comportando como un... un...

—¡Vamos, dilo! —desafía Shrek.

—¡Como un ogro! —dice Fiona gritando.

—Bueno —grita Shrek—, esta es una noticia para ti. Les guste a tus padres o no, yo soy un ogro. E imagina qué, princesa... eso no va a cambiar.

Fiona hace una pausa por un momento y respira profundamente. Entonces se recupera y camina lentamente hacia la puerta, abriéndola. Con un tono amable que invita a la reconciliación, sencillamente dice:

—He hecho cambios por ti, Shrek. Piensa en eso.

Entonces cierra calladamente la puerta a sus espaldas, se apoya contra ella y comienza a llorar. Shrek, conmovido, camina hacia la puerta y la escucha llorar, apoyándose contra el lado de la puerta donde está, y suspira.[2]

El sonido de un suspiro es a veces el indicador de una nueva perspectiva y un entendimiento más profundo. Shrek sabe que Fiona tiene razón. Ella ha sacrificado mucho por él; y su pelea finalmente deja claro eso. Hasta ese punto, Shrek ni siquiera veía el asunto. Una buena pelea hace eso. Arroja luz sobre algo que no habíamos visto antes.

Recientemente, mientras conducíamos como familia en una salida especial, yo (Les) hice algunas llamadas de trabajo utilizando los altavoces de nuestro auto. Eso requería que nuestros dos hijos, Leslie y nuestro perro estuvieran en silencio.

—Tengo que hacer esta llamada —le dije al grupo.

Pero esa única llamada se convirtió en otras dos más.

—Te das cuenta de que has estado al teléfono casi una hora —dijo Leslie.

Yo le eché una mirada que decía: "Te das cuenta de que he tomado un día libre en la oficina para hacer esta salida y tengo que terminar esta parte del trabajo". Lo dejamos ahí. Pero más adelante esa tarde, Leslie me dijo que pensaba que hacer mis llamadas en el auto fue poco considerado.

—El punto era divertirnos como familia —dijo ella—, y eso incluye el tiempo que nos toma llegar hasta la playa.

> Cada momento difícil tiene el potencial de abrir mis ojos y abrir mi corazón.
> MYLA KABAT-ZINN

—Era hacer esas llamadas, o no podría haber ido —dije yo.

Seguimos un rato intercambiando frases con nuestra propia perspectiva, y finalmente me di cuenta de lo grosero que fue hacer que toda la familia atendiese a mis llamadas. Y para ser sincero, probablemente yo nunca me habría dado cuenta de que fuese un problema si Leslie no me hubiese confrontado.

Una buena pelea arroja nueva luz sobre todo, desde cómo educamos a los hijos hasta el modo en que nos tratamos el uno al otro, cómo ahorramos, gastamos y damos nuestro dinero. Una buena pelea es con frecuencia como una linterna que enfoca un asunto que ha estado ciertamente agazapado en el paisaje de nuestra relación. Y cuando descubrimos ese asunto, con frecuencia mediante la luz iluminadora de una buena pelea, podemos verlo y definirlo, lo cual nos sitúa en posición de hacer algo al respecto.

NUEVO COMIENZO: UNA BUENA PELEA ACLARA EL AIRE

Vivimos en Los Ángeles los primeros cinco años de nuestra vida como casados mientras estudiábamos en la escuela de posgrado. Eran finales de los años ochenta y a veces se hacía referencia a la ciudad como Smogtown. El smog, esa combinación de humo y neblina, crea un sucio velo que rodea edificios y farolas. Muchos días ocultaba las montañas que deberíamos poder ver desde nuestro apartamento en la ciudad. A veces hacía que los ojos y los pulmones ardieran. Johnny Carson generalmente hacía bromas sobre la amenaza en el programa *Tonight Show*. El smog era un símbolo de Los Ángeles tanto como la gran señal de Hollywood que con tanta frecuencia ocultaba.

> Todas las parejas casadas deberían aprender el arte de la batalla al igual que deberían aprender el arte de hacer el amor. La buena batalla es objetiva y honesta, nunca viciosa o cruel. La buena batalla es sana y constructiva.
>
> ANN LANDERS

Pero el largo reinado de la ciudad como la principal contaminante de aire del país finalmente condujo a toda una pelea contra el smog. El número de días con una calidad de aire poco sana en Los Ángeles ha descendido un 85 por ciento desde la década de 1970. Nueva York, Denver, Houston y otras ciudades han estado tomando nota. Cuando regresamos a Los Ángeles desde nuestra ciudad de Seattle ahora, la diferencia es palpable. El aire limpio permite respirar profundamente y disfrutar de una mayor calidad de vida.

Lo mismo es cierto en el matrimonio. Los contaminantes de tensión emocional, amargura, estrés, peleas, heridas, malos sentimientos, presión, animosidad, resentimientos y caminar sobre cáscaras de huevo, pueden ahogar los sentimientos amorosos y sacarlos de la relación. Conjuntamente, esos irritantes se convierten en cierto tipo de neblina que rodea nuestro matrimonio de un malestar de descontento. Pero una buena y sana pelea, donde ambas partes sacan sus sentimientos en un ambiente caracterizado por cooperación, posesión, respeto y empatía, aclara y limpia el aire.

Nuestro amigo Mitch Temple compara una buena pelea con una tormenta eléctrica en una cálida noche de verano. Aunque los relámpagos mismos pueden dar miedo, ayudan a limpiar el aire. Los iones con carga negativa producidos por la tormenta se adhieren a los contaminantes, los cuales caen a la tierra. Por eso el aire huele tan limpio después de una buena tormenta.

Lo mismo es cierto cuando tratamos los desacuerdos de una manera saludable. El conflicto, cuando se maneja correctamente, reduce tensión, erradica animosidad y hace que desaparezcan los malos sentimientos. Disipa la neblina y crea lugar para un nuevo comienzo. Algunos de los momentos más íntimos que pueden experimentarse como pareja con frecuencia llegan después de resolver conflictos.

SEGURIDAD: UNA BUENA PELEA NOS HACE MÁS FUERTES

Un proverbio africano dice: "Los mares en calma no producen experimentados marineros". Se necesitan algunos problemas para que cualquiera de nosotros llegue a ser realmente bueno en algo, nuestra relación incluida. A medida que capeamos juntos momentos difíciles y salimos al otro lado más seguros de nosotros mismos, edificamos confianza en nuestra relación. Encontramos seguridad.

Esto suena contra intuición, pero una buena pelea, contrariamente a una mala pelea, literalmente hace que la relación de la pareja sea más sólida. Nos capacita. Comenzamos a darnos cuenta de que no tenemos miedo a los problemas y la tensión. Podemos solucionarlo. Somos fuertes. *Nuestro amor puede soportar cuando es derribado*, nos decimos a nosotros mismos.

La investigación de la Universidad de Washington revela que, en una buena relación, las personas se enojan pero de una manera muy diferente. Ven un problema y lo consideran parecido a un balón de fútbol. Le dan patadas juntos. No tienen miedo a remangarse y adentrarse en cualquier cosa que les esté molestando. No pasan de puntillas sobre el problema. Dicen, con respeto para su cónyuge: "Esto me está molestando y necesitamos hablar al respecto". No están rígidos por la tensión. No suben la guardia. Y sin duda, no desahogan su enojo. Sencillamente ponen sus problemas sobre la mesa, se dicen la verdad en amor, y hacen lo que sea necesario para solucionarlo, incluso cuando podrían sentirse profundamente incompatibles.

Cuando le preguntaron sobre su secreto de amor, después de estar casado con la misma persona durante cincuenta y cuatro años, Billy Graham dijo: "Ruth y yo somos felizmente incompatibles". Los dos entendían que el conflicto saludable les hacía más fuertes.

> La paz no es la ausencia de conflicto sino la presencia de alternativas creativas para responder al conflicto.
> DOROTHY THOMPSON

Entiendan esto: las parejas que son capaces de reconocer las faltas de su cónyuge a la vez que mantienen perspectivas positivas de su matrimonio, en general tienen una satisfacción más estable en cuanto a su tiempo juntos.[3] ¡Hasta aquí con que el amor es ciego! Las parejas más exitosas airean lo que les molesta. Viven en el mundo real con quejas reales, pero lo hacen a la vez que dan un gran valor a la relación.

"No me casé contigo porque fueses perfecto —escribe Thornton Wilder en *The Skin of Our Teeth*—. Ni siquiera me casé contigo porque te quería. Me casé contigo porque me hiciste una promesa. Esa promesa compensó tus faltas. Y la promesa que yo te hice compensó las mías. Dos personas imperfectas se casaron, y fue la promesa la que formó el matrimonio. Y cuando nuestros hijos eran pequeños, no fue una casa lo que les protegía; y no fue nuestro amor lo que les protegía; fue esa promesa".

La integridad que se mantiene por esa promesa del "sí, quiero" se fortalece cuando las parejas luchan una buena pelea. Cuando arrojan luz sobre imperfecciones y capean del conflicto, enriquecen su compromiso mutuo. "Las parejas que tienen peleas saludables —dice John Gottman— desarrollan cierto tipo de eficacia matrimonial que hace que el matrimonio sea más fuerte a medida que pasa el tiempo".

Décadas antes, el teólogo Dietrich Bonhoeffer expresó el mismo sentimiento cuando escribía a unos jóvenes novio y novia desde su celda en una cárcel nazi en Alemania: "No es su amor el que sostiene el matrimonio, sino que de ahora en adelante, el matrimonio es el que sostiene su amor".

Los beneficios de una buena pelea son verdaderamente increíbles. Cuando sabemos cómo manejar el conflicto en nuestra relación, no solo duplicamos nuestras oportunidades de recorrer la distancia, sino que también…

- nos volvemos más leales y confiables el uno con el otro,
- obtenemos más claridad sobre los problemas y lo que nos define como pareja,
- eliminamos la neblina de los resentimientos y limpiamos el aire para comenzar de nuevo, y
- alentamos precisamente la promesa que asegura nuestra relación.

Toda pelea tiene el potencial de ser buena o mala. La diferencia queda determinada por el modo en que los dos luchadores manejan el conflicto. Por lo tanto, en el capítulo siguiente lo enfocaremos de modo personal para ayudar a descubrir nuestro propio cociente de conflicto.

PARA LA REFLEXIÓN

- Piense en un momento en que su cónyuge señaló algún hábito o actividad que usted sabía que era autoindulgente, doloroso en alguna manera o simplemente equivocado. ¿Se sintió resentido o agradecido en ese momento? ¿Le hizo realizar un cambio? ¿Cree que hubiera cambiado sin ese empuje?

- ¿Ha habido veces en que usted sintió que su matrimonio necesitaba una buena pelea? Usted y su pareja estaban en caminos diferentes; perseguían diferentes metas. Podía sentir que la tensión aumentaba. Piense en un momento así en su matrimonio. Cuando finalmente llegó la pelea, ¿abrió las cosas y refrescó el aire en su matrimonio? ¿Qué cree que podría haber sucedido si no hubieran tenido esa pelea?

- Piense en un momento en su matrimonio en que usted estaba seguro de tener toda la razón en algo que hizo, pero su cónyuge fue dañado u ofendido por ello. ¿Hizo la pelea posterior que usted viese el punto de vista de su cónyuge con más claridad? ¿Quizá por primera vez? Si no, o si le llevó mucho tiempo ver el otro lado, ¿es posible que pueda necesitar trabajar más para desarrollar un mejor sentido de empatía?

★ CAPÍTULO 3 ★

POR LO QUE *REALMENTE* SE PELEAN

*Que dos personas en un matrimonio vivan juntas día
tras día es incuestionablemente el único milagro que
· el Vaticano ha pasado por alto.*

BILL COSBY

PHILIP ROSENTHAL TUVO UNA pelea con su esposa que terminó
en la televisión nacional para entretenimiento de todo el mundo. Y
fue *definitivamente* entretenida. ¿Cuál era el motivo de la pelea? Un
abrelatas. Afortunadamente, para ellos, la pelea sinsentido fue re-
presentada por otra pareja, Ray y Debra Barone, los personajes que
Rosenthal creó para su exitosa comedia *Everybody Love's Raymond*.[1]

El popular programa de televisión parecía tan auténtico porque
Rosenthal y su cocreador, el cómico Ray Romano, se apoyaron mucho
en sus propias relaciones para obtener material. Guerras de desgaste
por cosas de la casa (una maleta en las escaleras, pañuelos con loción,
fundas de sofá) son las batallas diarias que todos peleamos con amor.
¿Quién no ha tenido una batalla sin sentido por la temperatura de la
habitación, la pasta de dientes, el lavavajillas o, sí, incluso un abrelatas?

En el episodio, mediante una serie de recuerdos, Ray y Debra re-
latan por separado a diferentes miembros de la familia lo que afirman
que sucedió realmente por la compra de un nuevo abrelatas. Surgen
dos puntos de vista dramáticamente distintos.

Esta es la historia desde la perspectiva de Ray. Él llega a casa "de buen humor, como es normal" y le preguntó a Debra por la cena.

—No la he hecho aún —dice Debra seriamente—. ¿Puedes esperar?

—Bien —dice Ray con tono alegre—. Yo me prepararé mi cena.

Silba una melodía feliz mientras mira por los armarios.

—Mmm, ¡atún! ¿Dónde está ese abrelatas?

> Cuando somos escuchados, eso nos crea, nos hace abrirnos y extendernos.
>
> **KARL MENNINGER**

—Está en el cajón —grita Debra, claramente incómoda mientras está sentada a poca distancia con sus pies sobre la mesa de la cocina.

—Muy bien —dice Ray mientras abre el cajón y agarra el abrelatas.

—Compré uno nuevo —dice Debra.

—Ah, ¿necesitábamos un abrelatas nuevo?

—¡Es mejor! Muy bien. Corta desde los lados para que no haya picos afilados.

—Bueno, veamos cómo funciona esto.

—Hay que ponerlo sobre la lata, girarlo, y se abre la lata —Debra levanta las cejas, claramente perdiendo la paciencia.

—¡Estupendo! Un abrelatas mejor.

Mientras Ray abre la lata, comienza a gotear agua por su antebrazo. Él se ríe juguetonamente.

—¿Quieres ver esto? —intenta sujetarlo con un tenedor, pero la mayor parte del atún se cae.

—¿Había algún problema con el otro abrelatas?

—No hay nada de malo con *este* abrelatas —grita Debra.

—No, nada de malo, cariño. Me refiero a que habría preferido el atún sobre el pan —dice Raymond con buen humor—, pero es igual de delicioso cuando se saca del fregadero.

—Este es el abrelatas que he comprado, Ray —grita Debra mientras lo mueve delante de su cara—, porque es mejor. No es estúpido. ¡Y yo no soy estúpida!

Ella tira el abrelatas al fregadero y se va de la cocina.

—¿Qué he dicho? —pregunta Ray inocentemente.

Desde luego, Debra ve el incidente desde una perspectiva totalmente distinta. Ella recuerda que Ray llegó a casa malhumorado y preguntó por la cena:

—No he tenido tiempo aún de prepararte nada —dice Debra mientras está ayudando a sus hijos pequeños—, pero si puedes esperar...

—Bien —se queja Ray—, me prepararé yo la cena; otra vez.

Él saca una lata del armario y dice con sarcasmo:

—Mmm, atún. ¿Dónde está el abrelatas?

—Está en el cajón, el cajón de los utensilios.

Ray rebusca por el cajón, haciendo todo tipo de ruido hasta que Debra se acerca para ayudarle.

—Aquí, compré uno nuevo.

—¿Necesitábamos un abrelatas nuevo? —pregunta Ray con un tono crítico.

—Es mejor. Corta desde los lados de modo que no haya picos afilados —Debra demuestra cómo utilizarlo, y cuando Ray agarra la lata, caen unas gotas de la lata a su dedo.

—Jugo de atún —grita él histéricamente—. ¡Jugo de atún! ¿Había algún problema con el antiguo abrelatas?

—Bueno, no hay nada de malo con este abrelatas —explica Debra.

—Ah, no, nada —dice Ray con sarcasmo.

—Este es el abrelatas que compré porque era mejor —dice Debra comenzando a sollozar—. No es estúpido y yo no soy estúpida.

Ella suavemente lo pone sobre la encimera de la cocina y se va de la habitación llorando.

—¿Qué he dicho? —pregunta Ray con tono sarcástico.

¿Y cuál es la verdad? ¿Qué escenario es el correcto? La respuesta, desde luego, es difícil de señalar. Las respuestas de Ray y de Debra a esa pregunta dependen de la diferente percepción que cada uno hace del evento. Ambos interpretan correctamente mediante su modo único de relatar la situación. La percepción de cada uno puede ser equivocada o en parte equivocada. O puede que una de ellas sea correcta o más cerca de ser la correcta que la otra. La percepción no siempre determina la realidad, pero con frecuencia conduce al conflicto. Entender la percepción es vital para manejar el conflicto. Dos personas con frecuencia ven lo mismo de modo diferente. "Lo que usted ve y lo que oye depende mucho de donde esté situado", dijo C. S. Lewis. Nuestra interpretación de una situación está tan relacionada con su potencial volatilidad, que dedicamos este capítulo a revelar su poder y a equilibrar nuestras frecuentes percepciones contradictorias para nuestra propia ventaja.

Primero, queremos subrayar el modo en que nuestras percepciones pueden conducir a malentendidos y conflicto. Al analizar esas percepciones, descubriremos la *verdadera* razón para sus peleas. Puede que les sorprenda descubrir que sus peleas rara vez se producen por lo que parece.

¿VES LO QUE YO VEO?

Es sábado en la noche y vamos a salir con unos amigos a comer algo. Les está delante de su computadora cuando yo entro en su estudio, me pongo delante de su escritorio y le pregunto:

—¿Cómo me veo?

—Para mí, bien —dice Les levantando su mirada de la computadora y con poca expresión.

¿Y qué creen que hice yo? No me podía conformar con un "para mí, bien". Fui directamente a mi armario en el dormitorio y busqué otra cosa que ponerme. Pasaron unos minutos y Les me llama.

—Dónde estás? Vamos a llegar tarde.

Mientras bajo las escaleras, él mira con incredulidad.

—¿Por qué te has cambiado de ropa?

—Porque no te gustaba lo que llevaba.

—Dije que para mí estaba bien —respondió Les.

—Oí lo que dijiste.

—Muy bien —dijo él lentamente—, entonces ¿por qué te cambias?

—Lo que oí fue "para mí, bien"; es tu reputación si quieres salir con eso, así que adelante.

—Ese pensamiento ni siquiera se cruzó por mi mente —insistió él—. Me gusta lo que llevabas y tan solo estaba distraído por un importante correo electrónico que estaba leyendo.

A decir verdad, ahora le creo; pero en aquel momento no estaba tan segura. Interpreté otro significado en su comentario, fuese con intención o no. Y mi interpretación, mi percepción, era lo único que yo necesitaba para seguir.

Es difícil exagerar el poder de la percepción para las parejas. Nuestra interpretación de lo que nuestro cónyuge dice, hace o piensa, sea cierto o no, puede formar o romper nuestra relación. Alimenta nuestra conducta; enmarca nuestra perspectiva. La percepción moldea nuestra actitud, si no nuestra realidad. De hecho, en cualquier momento dado, nuestra percepción *es* nuestra realidad, y esa es la base de una gran cantidad de conflicto. Lo que una persona percibe como razonable o apropiado, otra lo percibe como irrazonable o inapropiado. Esa es la naturaleza de la percepción.

¿PLUMAS O PELAJE?

Casi todo alumno universitario toma un curso introductorio de psicología. Y casi todos los profesores de psicología prefieren no enseñarlo. Preferirían abstenerse de los temas con la mayoría de alumnos de primer año y enseñar su especialidad a

> La persona que tiene entendimiento lo tiene todo.
> PROVERBIO JUDÍO

alumnos más avanzados que tienden a ser más serios en cuanto a sus estudios. Pero yo no (Les).

Me encanta enseñar a los 200 nuevos alumnos en mi clase de psicología general cada otoño. Me justa el desafío de reunir tantas mentes al comienzo de su carrera universitaria. Y me encantan los temas que cubrimos, ya sea el cerebro humano, el desarrollo del tiempo de vida, la inteligencia, las emociones o la personalidad. Me gusta especialmente la semana que empleamos hablando de sensación y percepción. Durante una hora vemos diversas ilusiones proyectadas en la inmensa pantalla en el auditorio de la sala de clases. Cada una ilustra una manera distinta en que nuestro cerebro está entrenado para darle sentido a algo que percibimos.

Con frecuencia comienzo con una fácil, como la siguiente imagen:

¿Y usted? ¿Qué ve? Podría pensar que la pregunta es necia. Después de todo, claramente ve que es un animal. ¿No lo ve así todo el mundo? Desde luego. Pero no todo el mundo ve el mismo animal. Algunos ven un pato mientras que otros ven un conejo. Y puedo decir por experiencia que cualquier cosa que uno vea hace difícil ver la otra. Pero ambas están ahí. Uno tiene plumas, el otro tiene pelaje. Todo se reduce a la percepción.

Podrían preguntarse qué tiene que ver esto con el manejo del conflicto. ¿La respuesta? Todo. Un gran porcentaje de los conflictos no son verdaderos conflictos en absoluto, sino una cuestión de malentendido.

- **Una esposa le pregunta a su esposo si se terminó el helado que había en el refrigerador, porque ella pensaba servírselo más adelante aquella noche. Pero él percibe la pregunta como un ataque. Interpreta la pregunta como una queja acerca de**

su dieta. Ese pensamiento nunca se cruzó por la
mente de ella, pero eso no evitó que la pregunta
desencadenara una pelea.

- Un esposo le pregunta a su esposa si lleva un
vestido nuevo, pensando que se ve estupenda.
Ella interpreta la pregunta como diciendo que ha
gastado demasiado dinero en su armario. El asunto
del dinero ni siquiera se le ocurrió a él, pero eso no
evitó una pelea verbal después.

Lo único que se necesita es una mala percepción para que una
pareja entable una pelea. Por lo tanto, muchas riñas matrimoniales
son el resultado de ver el mismo asunto desde una perspectiva completamente diferente.

En mi clase de psicología hago que los alumnos escriban, sin hablar con sus compañeros, lo que ven. Entonces les pido que levanten
su mano si ven un pato. Aproximadamente la mitad de las manos se
levantan. Lo mismo ocurre con el conejo. Algunos, desde luego, pueden ver ambos animales enseguida, pero muchos batallan para ver el
otro hasta que yo les digo que el conejo está mirando hacia la derecha
y el pato hacia la izquierda. La típica respuesta es: "Ah, ahora lo veo".

Pero a medida que progresamos en la clase, las imágenes se hacen
más difíciles de descifrar. Por ejemplo, veamos lo siguiente:

Le daré una pista. No es un pato ni un conejo. De hecho, incluso si le dijera lo que es, habría una buena posibilidad de que aún así no lo viera. ¿Listo? Es un perro. Ahí, a plena vista. Está olisqueando la tierra. A menos que haya estudiado antes esta imagen, aún así podría batallar para verla. Pero está ahí. Y cuando ve el perro, no puede evitar *no* verle.

El punto es: a veces puede que no tenga idea alguna sobre la realidad de su pareja. Sencillamente no lo ve. O quizá su cónyuge no vea la de usted. De cualquier manera, eso conduce a la frustración y tensión. Uno de los dos podría sentirse menospreciado. Uno de los dos podría sentirse superior. De cualquier manera, las diferentes percepciones hacen que sean más dados al conflicto.

En una conferencia para parejas vimos un breve pero humorístico sketch que subraya la naturaleza a veces absurda de nuestras percepciones.

Esposo: El cambio no llega fácilmente.

Esposa: No.

Esposo: ¿No qué?

Esposa: Llega fácilmente. El cambio *no* llega fácilmente.

Esposo: Entonces estás de acuerdo conmigo.

Esposa: Sí, pero...

Esposo: Entonces ¿por qué no dijiste tan solo "estoy de acuerdo"?

Esposa: Pero yo...

Esposo: Siempre estamos discutiendo.

Esposa: Yo no estoy discutiendo.

Esposo: Sí que lo estás.

Esposa: No, no estoy.

Esposo: Entonces, ¿qué estamos haciendo?

Esposa: Sinceramente, no tengo ni idea.

Esposo: Bueno, sea lo que sea, estoy harto de ello, ¡y tiene que cambiar!

Esposa: Para citar a un hombre sabio: "el cambio no llega fácilmente".

Esposo: ¡Exactamente![2]

Muchos de nuestros conflictos no son verdaderas diferencias en absoluto, sino cuestión de mala interpretación que conduce a malentendidos. Como muestra el sketch, incluso la persona que comienza la pelea puede que tenga una mala percepción que le conduce a que no sea consciente de que su cónyuge en realidad está de acuerdo. Por eso, como estamos a punto de ver, puede ser extraordinariamente útil destapar las *verdaderas* razones de nuestras peleas.

LAS VERDADERAS RAZONES DE NUESTRAS PELEAS

Debido a diferentes percepciones, las peleas más apasionadas entre parejas raras veces son por el contenido de la riña; más bien son por lo general por otra cosa totalmente distinta.

Pero ¿qué es esa "otra cosa"?

Keith Sanford de la Universidad Baylor tiene una idea bastante buena. Su innovador estudio, publicado en la revista *Psychological Assessment*, incluía a 3.539 parejas casadas con edades comprendidas entre los 18 y los 85 años, y con matrimonios que variaban entre un año hasta 61 años. Sanford analizó variables como las palabras que las parejas escogían para describir una pelea del pasado, y los sentimientos y conductas que reportaron mientras cada uno estaba en el dolor de la pelea.[3]

> Nuestra vida es lo que nuestros pensamientos le hacen ser.
> MARCO AURELIO

¿Qué descubrió? Toda discusión, cubriéndolo todo desde ropa sucia en el piso hasta el significado de la vida, se resuelve en dos quejas fundamentales: (1) una persona siente que está siendo culpada o controlada, injustamente, por algo que no tiene nada que ver con la discusión y (2) una parte se siente abandonada, y eso se manifiesta en el sentimiento de: *"realmente no te importo"* o *"tú no inviertes tanto como yo"*.

En otras palabras, la investigación revela que la mayoría de peleas están impulsadas por dos preocupaciones fundamentales y distintivas: amenaza percibida y abandono percibido. Veamos cada una de ellas.

Amenaza percibida

Tim y Sara, una amorosa pareja, estaban colgando un espejo grande y pesado encima de la cómoda en su dormitorio. Intentando posicionarlo correctamente, Tim le dijo a Sara que lo moviera unos centímetros hacia arriba para que él pudiera marcar el lugar donde situar el clavo.

—No puedo moverlo más —dijo ella sintiéndose presionada—. Se me caerá.

—Pues súbete en el taburete que está ahí —dijo Tim con bastante grado de urgencia.

—Tiene tus libros encima.

—Hay mucho espacio todavía donde puedes poner el pie —continuó Tim—. Esto se está poniendo pesado.

Fue entonces cuando sucedió. Sin advertencia, Sara grito:

—¡Odio tus libros! —y con una rápida patada envió a volar varios libros.

Tim se quedó perplejo: *¿Realmente acaba de hacer eso? Sara es una mujer amorosa ¿Por qué querría tomarla conmigo? ¿Y por qué dijo que odia mis libros?*

Desde luego, Sara en realidad no estaba furiosa por los libros, pero ella no sabía eso. Sara, de modo correcto o equivocado, percibió que Tim era crítico y controlador, quizá incluso un poco moralista. Por debajo de la superficie ella pensaba: *Él no tiene ni idea de lo agotada que estoy en este momento y me está mandando como si yo fuese una trabajadora contratada.*

Pero esa idea no se planteó así. Ella tan solo sabía que se sentía atacada por no hacer algo del modo en que Tim quería que lo hiciera. Por lo tanto, Sara se enfocó en el problema de superficie:

—Tus libros están por todo el dormitorio. ¿Realmente necesitas veinte libros al lado de tu cama cada noche? —dijo.

—Cariño, tengo seis libros ahí, eso es todo; no veinte —respondió Tim.

La conversación subió de intensidad. Discutieron por los libros y discutieron por el espejo durante varios minutos. ¿Por qué? Por una única razón *verdadera*: Sara se sentía amenazada. Puede que se enfocase en el desorden, pero la verdadera razón de su molestia no tenía nada que ver con libros. El problema subyacente surgía del modo en que Tim le estaba dirigiendo agresivamente, o del modo en que Sara *percibía* que la dirigía. Eso es lo que encendió la mecha.

> Rechacemos nuestro sentimiento de daño y el daño mismo desaparece.
>
> MARCO AURELIO

Siempre que alguien percibe que su cónyuge está siendo agresivo, demandante, muy controlador, crítico o demasiado rápido para culpar, eso señala una amenaza. Y sea la amenaza real o no, nuestra percepción desencadena una parte de nuestro cerebro conocida como sistema límbico para prepararnos para huir o pelear. Nos ponemos a la defensiva para protegernos ("No puedo leer tu mente"), o contrarrestamos el ataque percibido para equilibrar la balanza ("tú eres el problema, no yo"). En cualquiera de los casos, si no reconocemos el verdadero problema (que nos sentimos amenazados), tendemos a enfocarnos en problemas de superficie que puede que nunca lleguen a resolverse.

Nos sentimos AMENAZADOS cuando percibimos que nuestro cónyuge es:

- Crítico
- Moralista
- Controlador
- Demandante
- Atacante

Abandono percibido

David ha trabajado duro toda la semana en su empleo y supone que el sábado es su día para ver un partido o jugar un partido de golf. ¿Quién puede culparle? Sin embargo Britney, su esposa, de modo justificado supone que David debería ocuparse de los niños durante unas horas porque ella ha estado limpiando narices y cambiando pañales durante toda la semana. Ella se merece un descanso también, y espera que él se lo proporcione. De nuevo, es una suposición bastante razonable. Cuando estas perspectivas únicas chocan, sobre las ocho de la mañana del sábado, comienzan a salir chispas.

En este caso, ni David ni Britney se sienten amenazados, pero ambos perciben abandono. Britney razona: "Si David estuviera contribuyendo a esta relación como debería, las cosas irían de modo diferente". David piensa lo mismo sobre Britney.

> Todo nuestro conocimiento es el retoño de nuestras percepciones.
> LEONARDO DA VINCI

El abandono percibido implica un sentimiento de que el cónyuge no está invirtiendo en el otro o en la relación. Lo sentimos siempre que sintamos que nuestra pareja no está siendo amorosa o comprometida. En pocas palabras, nos sentimos abandonados.

El abandono percibido se produce cuando esperamos un elogio que no llega o un poco de interés que no se demuestra. Sucede cuando estamos preparados para el afecto o la intimidad que no están siendo correspondidos, o cuando nuestro cónyuge mira a otras personas de modo que nos parece inadecuado. El abandono percibido surge siempre que nos sentimos olvidados, poco atractivos, pasados por alto, abandonados, indefensos, engañados, ignorados o callados. Puede suceder por cuestiones de poca importancia (ella ignoró mi petición de café), o por otras importantes (él está flirteando con alguien en línea). Y una persona que percibe cualquier forma de abandono,

puede enfurruñarse y hacerse la víctima; o puede enojarse. Señala con
el dedo y hace acusaciones. Desde luego, da como resultado conflicto.
Al igual que con la percepción de amenaza, tendemos a pelear por
los problemas de superficie cuando no reconocemos que nuestros *sentimientos de abandono* percibidos son la verdadera causa de nuestro
dolor. Pero cuando reconocemos la verdadera razón por la que nos
sentimos heridos, porque vemos que nuestro cónyuge no hace una
contribución deseada a la relación o no está demostrando un nivel
ideal de compromiso con ella, llegamos al corazón del asunto y au-
mentamos de modo dramático nuestras probabilidades de resolverlo.

> **Nos sentimos ABANDONADOS cuando
> percibimos que nuestro cónyuge es:**
> - **Insensible**
> - **No comprometido**
> - **Irresponsable**
> - **Egoísta**

Aquí esta lo fundamental. Cuando identificamos la percepción ya
sea de amenaza o abandono, la propia y la del cónyuge, estamos llegan-
do al corazón del asunto y estamos en el camino de pelear una buena
pelea. ¿Por qué? Porque si no resolvemos los problemas subyacentes,
no resolveremos el conflicto. La mayoría de parejas nunca consideran
las percepciones subyacentes cuando están discutiendo; como resultado, se enfocan en problemas menos importantes. ¿Significa eso que
los problemas más aparentes no son importantes? No necesariamente.
La mayoría de parejas tienen desencadenantes o temas calientes que
parecen generar más acaloramiento del que deberían.

LA OTRA CARA DE LA PERCEPCIÓN

Johnny Lingo vivía en el Pacífico Sur. Los isleños hablaban todos muy bien de él; pero cuando Johnny se propuso buscar una esposa, las personas meneaban su cabeza con incredulidad. A fin de obtener una esposa en la cultura de la isla, uno pagaba por ella regalando vacas a su padre. Cuatro a seis vacas se consideraba un alto precio. Pero la mujer que Johnny Lingo escogió era simple, delgada, y caminaba con los hombros caídos y la cabeza agachada. Era tímida. Lo que sorprendió a todos fue la oferta de Johnny. ¡Él dio ocho vacas por ella! Todos se rieron al respecto, ya que creían que su suegro le había engañado.

Varios meses después de la boda, llegó a las islas un visitante de los Estados Unidos para comerciar y escuchó la historia sobre Johnny Lingo y su esposa de ocho vacas. Al conocer a Johnny y a su esposa, el visitante quedó totalmente sorprendido, ya que no era una mujer sencilla y vacilante sino una mujer hermosa, equilibrada y segura de sí misma.

El visitante preguntó acerca de la transformación, y la respuesta de Johnny Lingo fue muy sencilla. "Yo quería una mujer de ocho vacas, y cuando pagué eso por ella y la traté de ese modo, ella comenzó a creer que era una mujer de ocho vacas. Descubrió que valía la pena más que ninguna otra mujer en las islas. Y lo que más importa es lo que una mujer piense de sí misma".

Johnny Lingo entendía el poder de la percepción, no desde la perspectiva negativa como hemos explorado en este capítulo, sino también desde el lado positivo. La percepción obra en ambos sentidos, y no podríamos terminar este capítulo sin notar el poder de la percepción *positiva*. Al igual que nuestras suposiciones negativas de los motivos, actitudes y acciones de nuestro cónyuge dan forma a nuestra realidad, nuestras suposiciones positivas hacen lo mismo.

Cuando decidimos percibir los mejores motivos y poner la mejor interpretación en las acciones de nuestro cónyuge, descubrimos que nuestra percepción comienza a formar no meramente nuestro sentido de la realidad que puede que sea o no cierto, sino que puede tener el efecto de reformar la realidad misma cuando nuestro cónyuge responde a nuestra percepción expresada de él o ella.

Ahora que hemos explorado los peligros y los beneficios de la percepción, queremos darles una herramienta revolucionariamente nueva que garantizamos que les ayudará a aumentar sus probabilidades de tener buenas peleas en lugar de malas peleas. De eso hablaremos en el siguiente capítulo.

PARA LA REFLEXIÓN

- ¿Qué piensan sobre el poder de la percepción cuando se trata de las perspectivas diferentes de dos personas? Piensen en un ejemplo de percepciones diferentes en base a su propia relación. ¿Cómo contribuyeron al conflicto ambas percepciones?

- ¿Están de acuerdo en que la razón verdadera que subyace en casi todo conflicto en el matrimonio es la percepción de amenaza o la percepción de abandono? ¿Por qué o por qué no?

- ¿Con cuánta frecuencia sus percepciones definen la realidad objetiva? ¿Es capaz de ajustar sus percepciones para ver la verdad más objetivamente después de oír la percepción de su cónyuge? ¿Está dispuesto a dar los pasos para intentar con más fuerza entrar en la cabeza de su cónyuge a fin de resolver los conflictos más satisfactoriamente?

★ CAPÍTULO 4 ★
¿CUÁL ES SU COEFICIENTE DE CONFLICTO?

*Nunca permita que el problema a resolver se vuelva
más importante que la persona a amar.*

BARBARA JOHNSON

ESTÁBAMOS DESEANDO LLEGAR A este capítulo. Como prometimos al final del capítulo anterior, podemos ayudarles dramáticamente a aumentar las probabilidades de aumentar su proporción de buenas peleas y malas peleas, y estamos a punto de mostrar cómo. La clave está en descubrir y entender lo que denominamos su Coeficiente de Conflicto, que demostrará ser una valiosa guía que hará mucho para aliviar tensión y fomentar la resolución de sus conflictos.

Primero, hablemos sobre cómo descubrir su coeficiente de conflicto. Piensen en un problema que esté causando tensión en su relación en estos días. Puede ser grande o pequeño; puede ser nuevo o continuado. ¿Se les ocurre alguno?

Ahora háganse estas dos preguntas:

- ¿Cuán *importante* es este problema para mí?
- ¿Cuán *preparado* me siento para trabajar en ello en este momento?

Eso es todo. Cuando hayan respondido estas dos sencillas preguntas, tendrán un sentimiento de su cociente de conflicto. Es fácil. La importancia del problema dividido por su preparación para solucionarlo da como resultado su CC:

$$\frac{\text{IMPORTANCIA DEL PROBLEMA}}{\text{PREPARACIÓN PARA SOLUCIONARLO}} = \text{COCIENTE DE CONFLICTO}$$

No se preocupen. Su CC no requiere matemáticas; tan solo requiere un momento de reflexión para responder esas dos fáciles preguntas. Individualmente no tienen una respuesta correcta o incorrecta. Pero la respuesta que las dos preguntas juntas revelan arroja una sorprendente cantidad de luz sobre cualquier problema que esté causando que una o ambas partes estén molestas.

Su CC se trata de aumentar su nivel de conciencia. Les da una perspectiva instantánea sobre si su problema tiene probabilidad de convertirse en una buena pelea una mala pelea. Pero antes queremos que entiendan cómo funciona. Como las preguntas dan a entender, todo se reduce a dos puntos: importancia y preparación. Echemos un vistazo a cada uno de estos componentes.

¿CUÁN IMPORTANTE ES EL PROBLEMA?

Las parejas se pelean por cualquier cosa y por todo. A veces el problema es trivial (volver a tapar la pasta de dientes), a veces es importante (invertir dinero sin hablarlo antes).

Una vez aconsejamos a una pareja que se peleaba por si las probabilidades al lanzar una moneda eran verdaderamente del 50/50. Habían estado discutiendo desde sus respectivos puntos de vista durante un par de días, y ninguno de ellos reconocía lo locamente necia que era esa discusión. Conocemos a otra pareja que tuvo una pelea acerca de qué día de la semana cayó una fecha concreta el año anterior. Pero la pelea que se llevó la palma fue la de la mujer en nuestra oficina a quien no le gustaba el modo en que su esposo respiraba. ¡No estoy bromeando! Las parejas algunas veces pueden pelearse por la tontería más pequeña. Desde luego, otras peleas se producen por asuntos que son críticamente importantes. Podríamos tener un conflicto por el modo en que cuadramos nuestro presupuesto, o el modo en que no lo hacemos. Podría ser acerca de tener un hijo o cómo disciplinamos al hijo que ya tenemos. Podríamos pelearnos acerca de sentirnos poco respetados, menospreciados o incluso traicionados. Estos no son asuntos de poca importancia. Se merecen una seria atención y una final resolución.

Desde luego, en el fragor de la batalla, puede parecer que todos los temas son vitalmente importantes. Por lo tanto, para determinar su nivel de importancia de modo más objetivo, podemos pensar dónde podría estar en estas cuatro líneas continuas en cualquier tema de contención:

GRAVEDAD DEL RESULTADO
¿Importará realmente el resultado de esta pelea?
Trivial ←————————→ Crítico

NIVEL DE DAÑO/TRISTEZA
¿Me siento herido o despreciado debido a ello?
No herido/triste ←————————→ Muy herido/triste

IMPACTO SOBRE LOS VALORES
¿Es este problema una amenaza para mis convicciones o principios?
No amenazador ←————————→ Conflictos

PREOCUPACIÓN
¿Cuánto estoy pensando o preocupándome por ello?
No pienso mucho en ello ←————————→ Obsesionado

Cuanto más peso pongamos en el extremo derecho de cualquiera de estas áreas, más importante es para nosotros el problema.

¿CUÁN PREPARADO ESTÁ?

"¡Preparémonos para movernos!". Tiene que leer esa frase en alta voz y alargando las palabras para obtener un efecto total. Michael Buffer, locutor profesional para boxeo y wrestling profesional, hizo de esa frase su eslogan a principios de la década de 1980. Debido a su estilo de pronunciar ciertas letras y añadir inflexión que es tan único, él literalmente adquirió marca registrada federal para la frase. Incluso utilizó una variación de la frase para el anuncio del queso Kraft en la que dice: "¡Preparémonos para *desmoronarnos!*".

La diferencia entre estar preparados para movernos (o desmoronarnos) no es una mala distinción para nuestros propósitos. A veces, cuando nos enfrentamos a un tema de conflicto, estamos más preparados para desmoronarnos que para movernos. De hecho, una mala pelea siempre conduce al desmoronamiento. Un buen movimiento, sin embargo, es otra historia. La pregunta es: ¿Cómo sabemos si un conflicto será un buen movimiento? En parte es cuestión de importancia, como acabamos de ver en el anterior continuo de cuatro puntos, pero igualmente importante es estar preparado.

Estar preparados puede ser engañoso. Cuando una disputa verbal secuestra nuestra conversación y estamos a punto de meternos en conflicto, por lo general no nos detenemos y nos preguntamos a nosotros mismos si estamos preparados para ello. Tan solo sucede, estemos preparados o no.

> Solo en el mundo de las matemáticas, los negativos se multiplican para dar como resultado un positivo.
> ABBY MOREL

Pero ¿qué sucedería si justamente en ese momento pudiéramos saber rápidamente si estábamos preparados o no para movernos? ¿Y si pudiéramos inmediatamente determinar si la pelea iba a ser buena o mala?

A decir verdad, podemos hacerlo. Si estamos emocionalmente con energía, si estamos irritables o tenemos hambre, o con el SPM, estaremos abocados a tener una mala pelea. Las probabilidades se acumulan contra nosotros. Además de eso, algunos de nosotros que puede que tengamos una personalidad más agresiva podemos incluso engañarnos a nosotros mismos para creer que estamos preparados para una pelea cuando no lo estamos. Ese es un fatal error de pelea (y hablaremos de ello en el capítulo 5).

Aquí está nuestra sencilla lista de comprobación para determinar si estamos preparados o no. Si está de acuerdo con cualquiera de estas afirmaciones durante el momento de conflicto, no está usted preparado para pelear.

- **Tengo hambre o dolor**
- **Estoy cansado o agotado**
- **Estoy emocionalmente cargado**
- **Me falta tiempo o necesito pensar**

Solamente es necesaria una de esas afirmaciones para estropear una buena pelea.

NUESTRAS ZONAS DE BATALLA

Cuando determinemos la importancia de un problema y nuestra preparación para abordarlo, conoceremos nuestro CC. Encajar nuestra preparación o falta de ella en la trivialidad o importancia del asunto nos capacitará para decidir si movernos. El siguiente esquema les ayudará a hacer esto cruzando las opciones para crear cuatro zonas de batalla. Cada una tiene su singularidad, pero solamente vale la pena luchar por una de ellas.

	TRIVIAL	IMPORTANTE
NO PREPARADO	**LA PELEA NECIA** No solo está luchando por algo que no importa desde su perspectiva, sino que no está en un buen espacio para pelear. Esto no terminará bien.	**LA PELEA ESTÚPIDA** Ha aterrizado en un tema que le importa pero no está en condiciones de pelear. Corre un alto riesgo de grave fricción y resultados desastrosos si sigue esta pelea.
PREPARADO	**LA NO-PELEA** Está en un buen lugar para abordar un tema difícil, pero este tema no es difícil. Usted lo considera trivial. Ya que sus emociones están a raya y está usted en un buen lugar, esta no es una pelea para usted, es una conversación.	**LA BUENA PELEA** Esta es una pelea que vale la pena tener. Es importante y usted está preparado. Cuando está en esta zona, sus probabilidades de luchar la buena pelea son significativamente mayores y el resultado final es mucho más probable que sea positivo.

Hay que tener en cuenta que solamente están evaluando su CC, y no el de su cónyuge. Su CC es único para cada uno de ustedes y cada conflicto específico que surge. Esto significa que la zona de batalla donde se encuentre puede que no sea igual que la de su cónyuge. De hecho, probablemente no lo será. Esa diferencia es con frecuencia uno de los elementos que causa la pelea en un principio. Eso está bien. Vamos a darles una herramienta para ayudarles a obtener una perspectiva instantánea y de rápida actuación ante cualquier situación difícil que afronten.

CAMBIO DE REGLAS DEL JUEGO: COMBINAR SUS COEFICIENTES DE CONFLICTO

Digamos que su cónyuge tiene la rutina de dejar las toallas sucias sobre el piso del baño después de una ducha. Tan solo porque usted considere que ese hábito es importante abordarlo, no significa que para su cónyuge lo sea. El hecho de que sea importante para una persona y no para la otra es la razón que crea tensión. No solo eso; uno no puede entender por qué ese asunto trivial vuelve loco al otro, mientras que la otra parte no puede entender por qué su cónyuge no lo considera importante. El resultado es disonancia, si no desacuerdo.

Pero incluso si una pareja está de acuerdo acerca de la importancia de un tema, eso no asegura que estén alineados cuando se trata de preparación para abordarlo.

> Ser escuchado está tan cerca de ser amado que para la persona promedio, ambas cosas son casi indistinguibles.
>
> DAVID AUGSBURGER

Uno de ellos podría estar preparado para una buena pelea, pero si el otro se siente cansado, hambriento o con falta de tiempo, por ejemplo, estarán automáticamente fuera de sincronismo en la escala de preparación. Y siempre que uno de los dos no esté preparado, es más probable que su pelea se derrumbe.

Cuando surge un tema caliente, ¿qué sucedería si usted y su cónyuge fueran capaces de combinar al instante sus dos CC? Bueno, nosotros podemos decirlo. Eso cambia las reglas del juego. Cuando se combinan sus CC, es mucho más probable que se aparten de las malas peleas que les separan. Y es mucho más probable que tengan buenas peleas que les acerquen más.

Podríamos continuar explicando las decenas y decenas de combinaciones y los sencillos pasos que pueden dar dentro de su CC que les permitirán cambiar malas peleas por otras buenas, pero todo eso tendría poco significado hasta que estén en una pelea. Por lo tanto, dejemos a un lado la explicación detallada.

CONTROL DEL IMPULSO: LA CLAVE PARA EVITAR UNA MALA PELEA

Hasta ahora en este capítulo les hemos mostrado cómo destapar su coeficiente de conflicto para aumentar sus probabilidades de tener buenas peleas. Pero hay otro lugar privado donde se cuecen las malas peleas, y seríamos negligentes si no vertiéramos algo de luz sobre ello antes de concluir este capítulo. Ese lugar está en lo profundo de nuestro cerebro.

El cerebro humano, como ya saben, interpreta eventos y los guarda. Como hemos visto en el capítulo anterior, el cerebro es más un pintor abstracto que uno realista. En lugar de almacenar información y experiencias con precisión absoluta, con más frecuencia almacena impresiones y deja la interpretación abierta a pensamientos y sentimientos. Sin embargo, podemos estar agradecidos porque el cerebro alberga algo más profundo que pensamientos y sentimientos; alberga un impulso de supervivencia, dentro de lo que se denomina el sistema límbico. Ese impulso es primario y poderoso. El sistema límbico es la central de mando para manejar cada amenaza percibida, temor o peligro.[1] Contiene el hipotálamo (que administra necesidades biológicas), el tálamo (central para la atención y la alerta), el hipocampo (donde residen nuestros recuerdos emocionales), y la amígdala.

La estructura de tamaño de almendra de la amígdala yace en el interior del cerebro y regula el control de importantes emociones como ansiedad, depresión, afecto y agresión. Cuando la amígdala da el visto bueno, desencadena una sonora alarma en nuestro cerebro para notificarlo a todo nuestro cuerpo. El cuerpo responde de inmediato a la alarma. Nuestros pulmones toman más oxígeno, respirando con más rapidez, nuestro ritmo cardíaco y presión sanguínea aumentan, y nuestros músculos están preparados para la acción. La amígdala va aún más lejos; le dice al hipotálamo que saque de la memoria cualquier herida profundamente asentada para añadir intensidad emocional a la preparación de nuestro cuerpo para la defensa. Y entonces envía señales a la parte frontal de nuestro cerebro para inhibir la concentración y el pensamiento racional, lo cual se interpondría en la acción. En pocas palabras, la amígdala, si no se maneja, tiene la capacidad de secuestrar nuestra habilidad para pelear bien contra alguien a quien amamos.[2] La amígdala es con frecuencia la culpable de una mala pelea, porque convierte el movimiento en una melé declarada.

Si alguna vez ha visto a alguien perder los estribos sin ningún motivo aparente, ha sido testigo de un secuestro de amígdala. Si ha estado en un conflicto cuando de repente se sintió abrumado por emociones de enojo, ha experimentado un secuestro de la amígdala.

Entonces ¿cómo manejamos la amígdala? ¿Cómo evitamos que nos prepare para un conflicto sin sentido y choques irracionales? La respuesta se encuentra en nuestra mente. Eso es lo que ayuda a nuestro cerebro a ser más objetivo. Nuestra mente puede servir como un reportero sin prejuicios en escena. Puede aportar al conflicto una perspectiva más realista y no crítica. No tiene tanta probabilidad de llegar rápidamente a conclusiones.

"La mente es su propio lugar —dijo el poeta inglés John Milton—, y en sí misma puede hacer un cielo de un infierno, un infierno de un cielo".[3] Nuestra mente alberga la promesa de

> No es fácil, pero si aceptamos nuestra mala fortuna y la manejamos correctamente, nuestro fracaso percibido puede convertirse en un catalizador para una profunda reinvención.
> CONAN O'BRIEN

calmar los impulsos radicales de nuestra amígdala. Puede enfriar una cabeza caliente y calentar un corazón frío. Por este motivo, nuestra mente es la clave para evitar las malas peleas.[4]

En una conferencia para matrimonios en Washington D.C., un hombre se acercó a nosotros durante uno de los descansos. Nos dijo: "Tengo algo que decirles", y pasó a describir el modo en que él y su esposa habían estado peleando por pequeños conflictos en su hogar.

—Yo soy muy ordenado y mi esposa ni siquiera nota cuando las cosas están en caos. Hemos tenido algunas peleas muy fuertes por eso.

Entonces dijo que encontró una manera de replantear el problema. Nos dijo que eso le había curado por completo de comenzar una pelea con su esposa por el asunto.

—¿Qué hizo? —le preguntamos.

—Puede que esto suene extraño, pero simplemente imagino que mi esposa hubiera muerto y entonces me hago la pregunta: "Si pudiera hacerle volver a la vida con caos por toda la casa, ¿querría que volviera?". Eso es. Ese sencillo ejercicio me da una perspectiva totalmente nueva.

El hombre siguió diciéndonos que ese juego mental que había creado le había ahorrado incontables discusiones con su esposa. ¿Cómo? Haciendo que su mente replantease su punto de vista.

Nuestra mente alberga nuestro sentimiento del yo; es sinónimo de nuestros pensamientos. De hecho, los expertos dicen que la mente es lo que hace nuestro cerebro. Su mente, en una sola palabra, piensa. Ayuda a su cerebro a ser racional.

"El ojo ve solamente lo que la mente está preparada para comprender", dijo el filósofo Henri Bergson. Esto nos dice que aunque la mente es capaz de manejar la amígdala con objetividad, eso no va a suceder de modo automático. Nuestra mente pensará de la manera que la entrenamos para pensar. En otras palabras, si usted está buscando el peor de los casos, si está buscando motivos sin escrúpulos y una mala conducta en su cónyuge, eso es exactamente lo que encontrará. Su mente se asegurará de ello, porque la ha entrenado para ver solamente lo que usted busca. Si, por otro lado, prepara su mente para ver posibilidades positivas, por otro lado, es probable que también vea eso. Eso es lo que el apóstol Pablo quiso decir cuando nos insta a "ser transformados mediante la renovación de la mente".[5]

> La vida matrimonial enseña una valiosa lección: pensar en las cosas con la suficiente antelación para no decirlas.
> JEFFERSON MACHAMER

Por lo tanto, cuando su cónyuge pregunte si se comió lo que quedaba del helado o si compró algo nuevo para su armario, su mente no tiene que suponer motivos negativos. Si su amígdala interviene y responde con una respuesta defensiva, puede entrenar a su mente para que se mantenga neutral. Puede refrenar el pánico de la amígdala y poner en suspenso el juicio hasta haber reunido más información. Esto le permite mantener a raya las percepciones con frecuencia poco confiables de amenaza y abandono, disminuyendo de modo dramático su cociente para las malas peleas.

Nuestra mente marca la diferencia cuando se trata de luchar una buena pelea.

PARA LA REFLEXIÓN

- Piensen en un momento en que sus cocientes de conflicto fueron diferentes. Quizá el tema del conflicto no fuese importante para usted, pero era de vital importancia para su cónyuge. ¿Cómo resolvieron el problema? ¿Está resuelto ya? ¿Podrían resolverlo ahora que entienden más sobre cómo hacerlo exitosamente?

- Vuelvan a pensar en algunas de sus peleas con su cónyuge. ¿Cuán frecuentemente el problema realmente le importaba? ¿Con cuánta frecuencia participó usted en el conflicto solo para ganar o demostrar que tenía razón? ¿Le capacitan las ayudas analíticas en este capítulo para evitar ese tipo de pelea en el futuro? ¿Por qué o por qué no?

- En el corazón de refrenar el conflicto está nuestra capacidad de manejar nuestros impulsos de enojo. ¿Está de acuerdo en que esta capacidad se encuentra cuando usamos nuestra mente para dejar a un lado los juicios rápidos de los pensamientos, sentimientos o acciones de nuestro cónyuge? ¿Cuál es un ejemplo de su propia vida?

★ CAPÍTULO 5 ★

LAS REGLAS DEL CLUB DE PELEA

Nunca se vaya a la cama enojado.
Manténgase en pie y pelee.

PHYLLIS DILLER

NORM EVANS FUE EL placador ofensivo del equipo con más victorias de la NFL, los 17-0 Miami Dolphins en 1972. El anillo de la Super Bowl de Norm tiene una caricatura de los Dolphins, 17 diamantes (uno por cada victoria), su nombre y la frase "Temporada perfecta".

Sin embargo, si preguntásemos a Norm y a su esposa, Bobbe, acerca de su matrimonio, ellos serían los primeros en decir que no es perfecto. Como todo el mundo, ellos han tenido su parte de discusiones y peleas. Todo comenzó cuando, sin decirles nada a sus padres en su hogar en Texas, se fueron cuando eran adolescentes para fugarse a México. Nadie pensaba que lo lograrían como matrimonio. Después de cincuenta aniversarios de boda, ellos mismos están un poco sorprendidos.

Recientemente esta pareja asistió a nuestra clase para matrimonios en la Universidad Seattle Pacific, y vimos cómo han estado luchando junta por su matrimonio. Durante unos quince años ellos han aceptado nuestra invitación anual para hablar de su relación a doscientos alumnos en nuestra clase de matrimonio en la universidad. En su última visita, pidieron ayuda a la clase.

—Nuestro sofá es terriblemente incómodo —dijo Bobbe a los alumnos—. Así que yo quiero comprar uno nuevo. Norm no quiere.

—Compramos ese sofá hace siete años —dice Norm—. Sencillamente se está amoldando.

—Como pueden ver, necesitamos ayuda —confesó Bobbe.

Ella pasó a explicar que iban a solucionar ese desacuerdo justamente allí en ese momento sobre la plataforma del auditorio delante de todo el mundo. No estaba programado ni siquiera planeado.

—Este es el trato —dijo Norm—. Queremos que ustedes nos ayuden a seguir algunas normas, y si rompemos alguna, queremos que nos piten con los silbatos que encontrarán debajo de sus asientos.

Desde luego, no había ningún silbato.

—Como no tenemos silbatos de verdad —explicó Norm—, ustedes tienen que "pitar" al unísono.

Hizo que los alumnos agarraran sus silbatos invisibles y practicaran un par de veces, e inmediatamente lo entendieron.

—Una de nuestras reglas es tener una postura corporal abierta —dijo Norm mientras ponía dos sillas sobre la plataforma—. Necesitamos estar frente a frente y no cruzar nuestros brazos o nuestras piernas. También tenemos que liberarnos de culparnos el uno al otro o intentar mostrar a la otra persona por qué está equivocada. Si hacemos eso, ¿qué harán ustedes?

Los alumnos, plenamente implicados en ese momento "pitaron" con fuerza.

Norm y Bobbe bosquejaron algunas reglas más. Tenían que inclinarse hacia adelante mientras hablaban. Tenían que repetir, con sus propias palabras, lo que habían oído decir a la otra persona antes de establecer un nuevo punto. Tenían que mantenerse en el tema. Tenían que mantener contacto visual (no mirar un teléfono celular).

—Muy bien —dijo Norm—, hagamos esto.

La pareja se sentó el uno frente al otro, ambos inclinados hacia adelante, y Bobbe habló:

—Sabes cómo me siento con respecto a ese sofá, y no entiendo por qué no estás conmigo.

—Porque ese no es un buen uso que darle a nuestro dinero ahora —dijo Norm a la vez que se echaba hacia atrás en su silla.

"¡Pitido!". Los alumnos no desperdiciaron nada de tiempo a la hora de señalar que Norm había violado una regla. Él sonrió en acuerdo y se inclinó hacia adelante.

—Te sientes frustrada porque yo no estoy de acuerdo en que deberíamos comprar un sofá nuevo —dijo Norm.

—Exactamente. Estoy muy frustrada.

—¿Puedo establecer un punto? —preguntó Norm

Bobbe estuvo de acuerdo y Norm dijo algo con respecto a que fue decisión de ella comprar el sofá que tenían ahora y que no tenían dinero para gastarlo en nuevos sofás hasta dentro de unos años.

—Tú estabas ahí cuando lo compramos —dijo Bobbe—, y a propósito, acabas de comprar un auto nuevo.

"¡Pitido!". Los alumnos volvieron a destacar algunas infracciones por parte de Bobbe.

Al acusar a Norm sobre la compra del auto, ella había violado dos reglas: no culpar y no quedarse en el tema. Este ejercicio continuó durante algunos minutos, con Bobbe y Norm rompiendo deliberadamente las reglas para establecer su punto: una buena pelea tiene buenas reglas.

REGLAS Y HERRAMIENTAS

Toda competición digna tiene reglas y regulaciones. Ya sea un partido que se juega en la Liga Nacional de Fútbol o la NBA, hay reglas que seguir. Lo mismo es cierto para un partido de golf, o ping pong entre amigos. Incluso el Campeonato Ultimate Fighting con sus melés sin

> El tono con el que decimos la verdad puede construir un muro o un puente.
> ED WALTZ

restricción y su frase que dice "¡No hay reglas!", tiene, ciertamente, reglas. Las reglas son necesarias para asegurar el juego limpio y evitar lesiones.

El matrimonio no es ni una competición ni un juego, pero debido a que a veces implica conflicto, unas buenas reglas harán mucho hacia asegurar un buen resultado. Este capítulo está lleno de estrategias demostradas para ayudar a que sus peleas sean no solo limpias sino también productivas; de modo que finalmente terminen con los dos siendo más fuertes y estando más cerca que nunca.

Estas reglas les ayudarán a llegar a lo fundamental de una buena pelea. Los cuatro elementos críticos y esenciales para que su pelea siga siendo sana y positiva son: cooperación, propiedad, respeto y empatía. Para ayudarles a poner en práctica estos elementos con mayor eficacia, hemos organizado las reglas y herramientas de pelea bajo estas cuatro categorías. Adoptar estas reglas les califica como miembros plenos de el Club de pelea.

> La mejor manera de tener la última palabra es disculparse.
>
> JOYCE MEYER

REGLAS PARA CULTIVAR LA COOPERACIÓN

Los buenos luchadores pelean para que todos ganen. No intentan demostrar su punto. No están ahí para mostrar su superioridad. Tienen una actitud de colaboración que dice: "Si tú ganas, yo también gano". Tenemos tres reglas y herramientas demostradas que pueden utilizar para incluir más trabajo en equipo y cooperación en sus desacuerdos: compartir retiradas, evaluar la profundidad de su desacuerdo, y estar de acuerdo en estar en desacuerdo cuando sea necesario.

Regla de cooperación 1: Compartir retiradas

En todos los matrimonios, los cónyuges se guardan información que nuestro cónyuge no conoce. Llamamos a esas pequeñas informaciones que no se expresan "retiradas". No se debe a que seamos privados o queramos mantener secretos, sino a que estamos viajando a la velocidad de la vida. Por ejemplo, se registra en nuestra mente un problema, pero justamente antes de tener oportunidad de hablar sobre ello suena el teléfono o un hijo que necesita ayuda.

El asunto podría ser positivo o negativo. En el lado positivo, podría usted estar preparado para elogiar a su cónyuge por el modo en que manejó un asunto de educación, por ejemplo, cuando se da cuenta de que no sería apropiado decirlo delante de su hijo. Por lo tanto, planea decírselo a su cónyuge más adelante. Pero a medida que pasa el tiempo, ese pensamiento se queda ahí y su cónyuge nunca sabe que usted se sintió de ese modo. Esa es una retirada positiva.

Una retirada negativa sucede cuando su cónyuge hace algo que le irrita, pero por cualquier motivo no es usted capaz de decírselo. Quizá sea una broma que hizo, pero terminó siendo una puntada en dirección a usted. Podría estar delante de amigos y no quiere hacerlo público, o quizá esté demasiado cansado para sacar el tema en el momento porque sabe que implicará cierta tensión. Por lo tanto, se convierte en una retirada negativa.

¿Y qué sucede con los sentimientos negativos que enterramos? Tenemos un alto índice de resurrección. Surgen o incluso explotan cuando menos lo esperamos. Por eso compartir retiradas es una regla muy valiosa y una herramienta para cultivar la cooperación.

Una buena manera de ventilar las retiradas es compartirlas por rutina semanalmente, un ejercicio que les llevará tan solo unos diez minutos. Casi podemos garantizar que si lo hacen cada semana, verán que el nivel de tensión en su relación disminuye de modo dramático. Evitarán todo tipo de conflicto innecesario; y también observarán una mejora en las conexiones positivas.

Así es como funciona. Cada uno de ustedes escribe dos cosas que su cónyuge ha hecho en las últimas cuarenta y ocho horas y que sinceramente agradeció pero no se lo dijo. Por ejemplo, podría decir: "Agradezco el elogio que me hiciste cuando salí del auto ayer", o: "Agradezco la ayuda que me brindaste en planificar mi reunión esta mañana".

Después, escribe una cosa que su cónyuge ha hecho en las últimas cuarenta y ocho horas de la que usted no dijo nada. Por ejemplo: "No me gustó cuando tomaste prestado mi paraguas sin decírmelo", o: "No me gustó cuando no dijiste nada sobre la cena que preparé para nosotros anoche".

Cuando los dos hayan escrito sus frases, hagan turnos para compartirlas. Una persona comparte las tres frases una tras otra. Después la otra persona comparte sus tres frases; o vice versa. Y aquí está una parte importante de compartir retiradas. La persona que está en el lado receptor solamente puede decir "gracias" después de cada frase. Eso es todo. Tan solo "gracias". Esta regla permite que las parejas compartan algo que les irrita sin tener temor a un golpe o una reacción defensiva. También permite que las parejas reciban críticas en un contexto de afirmación.

Y una cosa más: cuando hayan compartido sus tres retiradas, las negativas están fuera del límite durante treinta minutos. No pueden hablar sobre las retiradas negativas durante media hora. Esto asegura que pasen de reaccionar a responder, y les permite obtener un poco de objetividad.

Compartir retiradas puede ahorrarles cientos de horas de peleas innecesarias al mostrar emociones enterradas. Crea un espíritu de cooperación dentro de su relación y les mantiene actualizados con respecto a las preocupaciones del otro, al igual que acerca de los elogios del otro. Cuando hacen este ejercicio, es seguro que reciclan el cerebro para cultivar más cooperación.

Regla de cooperación 2: Evaluar la profundidad del desacuerdo

A lo largo de los años en nuestros eventos para parejas hemos repartido decenas de miles de tarjetitas plastificadas, del tamaño de una tarjeta de crédito.

Lo llamamos "Tarjeta de conflicto" y está pensada para ayudar a las personas a evaluar la profundidad de su desacuerdo. Contiene una escala de 1 ("No es la gran cosa para mí") a 10 ("¡Por encima de mi cadáver!").

> El desacuerdo honesto es a menudo una buena señal de progreso.
> MAHANTMA GANDHI

Evaluar la importancia de un asunto le capacita para saber si merece la pena luchar por dicho asunto o no. Y cuando oye cómo su cónyuge lo evalúa, tendrá una mejor idea de lo importante que es para él, un elemento clave para cultivar la cooperación.

A veces en nuestras relaciones podemos enredarnos con un asunto cuando, tras meditarlo, realmente no importa. Cuando James y Karen estaban preparando su primer apartamento, Karen quería pintar las paredes de la cocina de color azul claro. Compró muestras de pintura para enseñárselas a su esposo.

—He encontrado el color perfecto —dijo Karen con mucha ilusión, acercando a la pared las muestras de los colores.

—No me emociona demasiado —dijo James.

—Bueno, te gustará cuando veas toda la pared pintada. Quedará fantástica.

—No sé.

El teléfono sonó, y esa fue la última vez que hablaron de ello. Tres días después, James no podía creer lo que estaban viendo sus ojos cuando llegó a casa y se encontró la cocina pintada de azul claro.

—¿Qué es esto? —exclamó.— ¡Pensé que acordamos no pintarlo de este color!

—Dijiste que no te importaba, así que lo hice.

—¡Yo nunca dije eso!

Durante el resto de la tarde, James y Karen discutieron; él por sentirse traicionado y ella por no sentirse apreciada. Pero todo el altercado se podría haber evitado si hubieran sabido lo importante (o poco importante) que el asunto de pintar la cocina era para cada uno de ellos. Al parecer, James no lo expresó bien, pero estaba muy en contra de pintar la cocina de color azul claro. Karen, sin embargo, estaba emocionada e impaciente por adecentar la casa. Podría fácilmente haber cambiado de color. Sus sentimientos y cómo los expresaron fueron casi polos opuestos.

La investigación muestra que cuanto más entendemos lo importante que un asunto polémico es para nosotros, más nos entendemos a nosotros mismos.[1] "Conocerse a uno mismo", como dijo Sócrates, es lo que llaman la cima más alta del conocimiento. El entendimiento del yo nos permite tomar sabias decisiones. Nos ayuda a alinearnos con la vida que queremos vivir. Tiene el potencial de ayudarnos a bajar la intensidad de un conflicto y a ser más cooperadores.

Regla de cooperación 3: Acordar estar en desacuerdo cuando sea necesario

¿Alguna vez han defendido puntos de lógica y convicción a capa y espada, y sin embargo los dos siguen dando vueltas en círculo? No se consigue progreso alguno. No se tambalea ninguna opinión. Ese es un síntoma seguro de que quizá sea el momento de que ambos levanten mutuamente la bandera blanca de rendición para acordar estar en desacuerdo. Las parejas fuertes, que luchan una buena pelea, a veces tienen que hacer esto.

La investigación revela que muchos asuntos problemáticos para las parejas no se resuelven, se gestionan.[2] Esta paralización es especialmente cierta en las diferencias de carácter que se muestran como problemas perpetuos. Bruce, por ejemplo valora la organización y la limpieza. Invierte tiempo en que todo esté en su lugar, no solo en su escritorio o en su automóvil, sino en toda la casa. A su esposa, Teresa, por el contrario, no le podría importar menos la organización. Su armario es por lo general un lío. Invierte su tiempo en amigos y la familia más que en organizar la despensa o las estanterías.

Bruce y Teresa han tenido incontables altercados por sus opuestos deseos. Han intentado cambiar al otro, pero claro, eso no tiene sentido. Tienen tendencias inherentes. Claro que pueden acercarse muy lentamente al lado de la otra persona, pero este no es un conflicto que se

> Decidir estar calmado es la primera clave para decidir permanecer casado.
> HAL RUNKEL

vaya a resolver. Es una diferencia de personalidad que hay que gestionar. Al afrontar tal diferencia, las habilidades de la pareja deberían aplicarse no a resolver el problema sino a gestionarlo. Ambos necesitan acordar estar en desacuerdo.

Una de las líneas más enternecedoras en la canción de la cantante/compositora Susan Ashton "Agree to Disagree" lo resume: "Podemos tener nuestras diferencia, pero eso no cambiará lo que siento por ti".

REGLAS PARA CULTIVAR LA POSESIÓN

Los buenos luchadores poseen su pieza proverbial del pastel del conflicto. Saben que la crítica es para cobardes y que la culpa y la vergüenza nunca llevan a resultados positivos. En cambio, dan el valiente paso de admitir un error. Saben que no se trata de *quién* está equivocado, sino de *qué* está equivocado. Estas son dos reglas y herramientas para cultivar este tipo de posesión: (1) disculparse cuando lo sienta y (2) practicar la fórmula XYZ.

Regla de posesión 1: Disculparse cuando lo sienta

Tras negar que apostaba en los partidos de béisbol mientras trabajaba como director de los Cincinnati Reds, una infracción que produjo una expulsión de por vida del deporte en 1989, Pete Rose finalmente confesó su error. Él tampoco ha dejado de confesarlo desde entonces. En 2006, Rose comenzó a usar su página web para disculparse personalmente ante cada uno de los aficionados a los que había defraudado y ofendido. ¿Cómo? Enviándoles una bola de béisbol autografiada que dice: "Siento haber apostado en el béisbol". ¿El precio? Solo 229 dólares, más gastos de envío.

> Si ha aprendido cómo discrepar sin ser desagradable, entonces ha descubierto el secreto para llevarse bien.
>
> BERNARD MELTZER

No mucho como disculpa, ¿verdad? Cuando una confesión viene con un precio incluido, se pierde por completo la tristeza. Y eso es exactamente lo que le robamos a una disculpa ante nuestro cónyuge cuando nos disculpamos prematuramente, a medias o sin sentirlo de verdad. Decir "lo siento" no es suficiente. El corazón tiene que estar involucrado. La palabra *disculpa* literalmente significa "un relato o historia". En otras palabras, una disculpa genuina conlleva una historia de su error y lamento. No es una expresión poco seria de dolor.

Por eso una genuina disculpa es una profunda demostración de responsabilidad. Pocas acciones cultivan la posesión más que una disculpa a medias.

¿Cuándo fue la última vez que pidió una disculpa sincera? Una de las decisiones más fáciles que podremos tomar jamás es disculparnos cuando cometamos un error. ¿Por qué? Porque decir "lo siento" tiene el poder de reparar el daño, arreglar la relación, suavizar las heridas y sanar los corazones rotos. Una disculpa tiene el poder de desarmar a su cónyuge del enojo e impedir mayores malentendidos; y también disminuye el lamento. Aunque una disculpa no puede deshacer las acciones pasadas, si se hace con sinceridad y eficacia, puede deshacer los efectos negativos de esas acciones.

A primera vista, disculparse parece relativamente fácil. Sencillamente implica decir dos palabras: "Lo siento". Pero por alguna razón, no siempre lo hacemos cuando deberíamos. Algo acerca de nuestra psique lo hace más difícil de lo que debería ser. Ese algo es orgullo. Preferimos albergar el daño, parece, en lugar de apropiarnos de nuestros actos negativos.

Aquí tiene unos cuantos consejos sobre cómo decir "lo siento". Una buena disculpa conlleva lo siguiente:

1. Responsabilidad: "Sé que herí tus sentimientos".
2. Lamento: "Me siento horrible por haberte lastimado".
3. Remedio: "No lo volveré a hacer".

A menos que estos tres elementos estén presentes, su cónyuge sentirá que falta algo en su disculpa y probablemente se sentirá engañado.

Expertos en disculpas también sugieren que su disculpa sea corta.[3] Cuando se disculpa una y otra vez, no parece sincero. Y por último, manténgase libre de excusas. Cuando intenta explicar su error, parece autojustificación, lo cual le resta valor a su remordimiento y contrición.

Regla de posesión 2: Practique la fórmula X-Y-Z

Ácido. ¿Conocen la palabra? Tiene varios sentidos. ¿Alguna vez hacen comentarios ácidos en su matrimonio? Es una fácil tentación. Los humanos somos dados a criticar, y cuando estamos decepcionados, irritados o frustrados con nuestro cónyuge, generalmente lo hacemos. "¿Es necesario que tengas la televisión tan alta?". "Si no estás en la habitación, apaga la luz". "Parece que nunca pagas las facturas a tiempo". Estos comentarios críticos con frecuencia inician una pelea.

Los investigadores lo llaman un lanzamiento duro.[4] Los estudios revelan que el 96 por ciento de las veces, la manera en que comienza una discusión predice la forma en que terminará.[5] Y cuando comienza con un comentario ácido, no suele terminar bien.

Todo conflicto comienza con la crítica. "Siempre nos haces llegar tarde". O: "Nunca recoges tu ropa". Ahora, quizá esté pensando: *Bueno, ¿y qué debo hacer si tengo que señalar algún punto débil que me molesta?* Es una buena pregunta, y la respuesta quizá le sorprenda: quéjese al respecto. Eso es. Las investigaciones muestran que de hecho es bueno para las parejas quejarse de lo que les molesta. Pero antes de desplegar una lista de quejas ante su cónyuge, asegúrese de saber esto: la crítica y la queja están a kilómetros de distancia.

> Me gusta el hombre que sonríe cuando pelea.
> WINSTON CHURCHILL

Los comentarios críticos casi siempre comienzan con "tú", como en "tú siempre...", o "tú nunca...", mientras que quejarse casi siempre comienza con "yo", como en "me frustra cuando...", o "me pone triste que...". Puede parecer un sutil cambio semántico, pero la diferencia entre estar en el lado receptor de una crítica o de una queja es la noche y el día.

Crítica: "Eres muy egoísta. ¿Alguna vez piensas en mis necesidades cuando se trata de hacer el amor?".

Queja: "Me siento muy decepcionado cuando pienso que vamos a hacer amor y dices que estás demasiado cansado".

¿Ven la diferencia? Una queja se enfoca en una conducta específica, mientras que una crítica ataca el carácter del otro. Es cínica y ácida. Pero cuando usted articula una queja específica y concreta, hay muchas probabilidades no solo de llegar a una resolución, sino también a una mejora. Si quiere que su cónyuge cuelgue su abrigo en vez de tirarlo sobre una silla, quéjese: "Siento que tengo que ir detrás de ti cuando no cuelgas tu abrigo cada noche al llegar a casa". Eso le llevará más lejos que decir: "Eres un desaliñado y yo no soy tu sirvienta personal". Un comentario ácido como este solo conducirá a que su cónyuge se ponga a la defensiva. Y se aleje de usted.

Entonces ¿cómo puede reentrenar su cerebro para que cambie las críticas por quejas, especialmente cuando está lleno de frustración? Es más fácil de lo que piensa. Lo llamamos la Fórmula XYZ y es así:

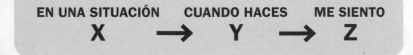

EN UNA SITUACIÓN	CUANDO HACES	ME SIENTO
X →	Y →	Z

Esa es la fórmula. Simplemente rellene los espacios en blanco con su molestia concreta: "Cuando vas conduciendo (X), y cambias la emisora de la radio sin preguntarme (Y), me siento como si no te importase (Z)". Eso es muy distinto a decir: "¿Te crees el rey de la radio?". O: "El jueves pasado por la noche (X) cuando llamaste a tu madre y hablaste durante media hora (Y), me sentí mal porque nos estropeó nuestra cita (Z)". Eso es mucho más productivo que decir: "Siempre estropeas nuestras citas". Usar la fórmula XYZ les ayudará a evitar insultos y asesinatos de carácter, permitiéndoles en cambio simplemente decir cómo la conducta de su cónyuge afecta a sus sentimientos. Ayuda a apropiarse de sus sentimientos en vez de proyectar sus frustraciones sobre su cónyuge.

REGLAS PARA CULTIVAR EL RESPETO

Los buenos luchadores se alejan del menosprecio. Nunca sale nada bueno al menospreciar a su cónyuge. Por eso el respeto es tan esencial. Este elemento clave crea un sentimiento de seguridad incluso en la tumultuosa agonía del caos. Cuando dos personas se muestran respetuosas entre sí, reconocen diferencias pero mantienen el honor, la urbanidad y el valor dentro de la relación. Eso no siempre es fácil de hacer. Estas dos reglas y herramientas les ayudarán: (1) no sea cruel y (2) tome un tiempo para pensar si lo necesita.

Regla de respeto 1: No ser cruel

Una pareja casada tuvo una disputa y terminaron concediéndose el uno al otro el trato del silencio. Una semana después de su discusión muda, el hombre se dio cuenta de que necesitaba la ayuda de su esposa. Para llegar a tiempo a un vuelo a Chicago para una reunión de negocios, tenía que levantarse a las 5:00 de la mañana

No queriendo ser el primero en romper el silencio, escribió en un trozo de papel: "Por favor, despiértame a las 5:00 de la mañana".

A la mañana siguiente, el hombre se despertó y vio que su esposa ya estaba levantada; eran las 9:00 de la mañana, y su vuelo ya hacía mucho que había salido. Estaba a punto de ir a buscar a su esposa y demandar una respuesta por sus errores cuando vio un trozo de papel junto a la cama.

Él leyó: "Son las 5:00 de la mañana. Despierta".

Quizá nos riamos de la crueldad tan absurda y extrema de la historia, pero incluso las parejas buenas que no tienen cuidado pueden llegar a ser dolorosamente irrespetuosas cuando sus conflictos son serios.

Menosprecio es la palabra que muchos investigadores usan para crueldad. John Gottman lo identificó hace años como el indicador más importante de una mala relación de una pareja. El menosprecio, ese intento de hacer sentir a su cónyuge que no vale nada, es

> Cuando el amor y la destreza trabajan juntos, espere una obra maestra.
> JOHN RUSKIN

tóxico para el amor. Envenena una buena pelea. También es engañoso. Si no estamos atentos, se filtra por las esquinas y fisuras de nuestros conflictos sin que nos demos cuenta. Incluso corregir la gramática de su cónyuge durante una discusión es un síntoma de menosprecio. Dice: "Eres estúpido y yo soy superior". Levantar la mirada cuando su cónyuge está hablando es una señal de menosprecio. También lo es adoptar un tono de voz condescendiente y sermoneador. Sus acciones verbales y no verbales pueden comunicar menosprecio.

El menosprecio se alimenta de una dosis baja pero constante de adrenalina que le impulsa a colgar el problema sobre algún defecto de su cónyuge. "Si no fueras tan egoísta", decimos, "o perezoso… o irracional… o retorcido… no estaríamos en este lío". El menosprecio debilita nuestro sentimiento de respeto hacia nuestro cónyuge y alimenta nuestro sentimiento de justicia propia. Si la crítica es la barrera para la responsabilidad, el menosprecio es la barrera para el respeto.

Usted puede pensar que no lo ha hecho porque no ha llamado egoísta o perezosa a su pareja. No esté tan seguro. Puede acusar a su cónyuge de esos defectos sin ni siquiera nombrarlos directamente. "Llevo con los niños todo el día, corriendo como loca para que todo esté en orden, y cuando llegas a casa del trabajo te tiras en el sofá y esperas que tenga la cena lista como si no hubiera hecho nada en todo el día". Cuando una esposa dice esa frase con el tono incorrecto de voz y una mala expresión facial, está mostrando menosprecio. Su esposo entendió el mensaje: está siendo acusado de ser una persona egoísta y desconsiderada.

La toxicidad del menosprecio es contagiosa. Si su cónyuge es despectivo, usted tendrá más probabilidades de ser despectivo, a menos que haga el esfuerzo determinado de mantenerse respetuoso. Si su cónyuge ha abatido su carácter, su tendencia natural será disparar su enojado arsenal de ataques contra el menosprecio. "Claro, entonces soy yo el estúpido, ¿verdad? Todos saben que tú eres Einstein". Una vez que la pareja se vuelve cruel, se quitan los guantes y la pelea se pone fea.

Gottman dice que el menosprecio no es solo el indicador más importante de divorcio, sino que incluso ha descubierto que el nivel de menosprecio en un matrimonio puede predecir cuántos resfriados tendrá una persona. Él explica: "que alguien al que uno ama le menosprecie es tan estresante, que comienza a afectar al funcionamiento de su sistema inmune".[6]

El antídoto más seguro para el menosprecio y la crueldad es el aprecio. Cuanto más busquen las parejas "pequeñas cosas" positivas en su relación y las reconozcan, más se querrán ellos. El aprecio construye admiración y cariño. Inocula a las parejas contra el menosprecio.

Gottman anima a las parejas a construir "una cultura de aprecio". Sus numerosos estudios han descubierto que las parejas felices desarrollan un hábito mental donde escanean el entorno en busca de cosas que apreciar el uno del otro. Cuando creamos una cultura de aprecio en nuestro hogar, hemos salvaguardado el matrimonio contra la crueldad.

Regla de respeto 2: Tomar un tiempo para pensar si es necesario

Hace algunos años nos dieron un permiso para ausentarnos de la Universidad Pacific Seattle para ser eruditos en residencia en la Universidad Estatal de Oklahoma con una tarea especial del gobernador para ser sus "embajadores del matrimonio". Durante doce meses entrecruzamos el estado hablando en clubes de rotarios, universidades e iglesias. Fue todo en un esfuerzo por poner un foco de atención en edificar matrimonios fuertes y duraderos.

Una noche, tras unos pocos meses haciendo este trabajo, estábamos agotados y hambrientos. Estábamos sentados en nuestra casa escasamente amueblada que habíamos rentado y surgió un conflicto. Ninguno de nosotros se acuerda de qué se trataba, algún loco asunto por el lavaplatos y un plato roto o algo así. Lo único que recordamos es que la conversación se acaloró mucho hasta que nuestro pequeño John dijo: "Papi, ¿mami necesita un tiempo para pensar?".

Eso fue todo lo que necesitamos para recuperar la perspectiva y reírnos un rato. De hecho, la frase de John siendo un niño a veces se puede decir para suavizar un intercambio acalorado durante estos años después. ¿Por qué? Porque la verdad sea dicha, nosotros *sí* necesitamos de vez en cuando un "tiempo para pensar". Todas las parejas lo necesitan.

> El matrimonio es lo más difícil que hará jamás. El secreto es no considerar el divorcio como una opción. Cualquiera que considere esa opción conseguirá un divorcio.
> **WILL SMITH**

En cuanto una persona en una pareja se sienta demasiado decepcionada o negativa para seguir algunos pasos saludables para resolver problemas, es el momento de hacer una pausa. Los expertos dicen que estar de acuerdo con antelación para tomarse un tiempo para pensar si uno de los dos se siente abrumado es crucial para evitar una espiral descendente que lamentarán después. Como dijo Harry Emerson Fosdick: "Nadie puede conseguir la paz saltando sobre ella".

Aquí tienen lo básico para tener un tiempo para pensar productivo:

- Incluya en su acuerdo de tiempo para pensar entendimiento de que retomará la discusión en 24 horas.

- Si es usted el que está listo para estallar, detenga el conflicto simplemente diciendo: "Necesito un tiempo para pensar". Algunas parejas usan una señal de deportes, como la señal de "T" que usan los entrenadores, para indicar que necesitan un descanso.

- Afirmen su intención de resolver el problema juntos más adelante. En otras palabras, no solo se vaya. Diga algo como: "Quiero resolver esto pero no puedo ahora mismo. Cuando esté listo, te lo haré saber".

- Detenga la discusión de inmediato y váyase a algún lugar donde pueda tranquilizarse. Se necesitan al menos veinte minutos para que el cuerpo frene después de haber trabajado mucho.

- Salga a caminar, lea un libro, cocine o tome un baño. No dedique el tiempo a rumiar la conversación o a tener malos pensamientos acerca de su cónyuge.

- Dígale a su cónyuge (incluso con un mensaje de texto o correo) cuándo estará preparado para volver al asunto. Diga algo como: "Estaré listo para continuar en una hora". "Estaré listo antes de la cena de esta noche". Dar un tiempo límite al tiempo para pensar es esencial.

- Si es posible, antes de que vuelvan a hablar, intenten primero hacer juntos alguna actividad para restablecer una conexión calmada y cercana.

Es imposible mantener una discusión racional en un clima de hostilidad y falta de respeto. Tomarse un tiempo para pensar es una de las formas más fáciles de recuperar el respeto por su cónyuge e impedir que aumente la pelea. Así que no tenga miedo de enfriarse, calmarse y encontrar más perspectiva.

REGLAS PARA CULTIVAR LA EMPATÍA

Los buenos luchadores se ponen en el lugar del otro. Intercambiar posiciones es la manera más rápida y segura de encontrar un resultado positivo y saludable para el conflicto. Nueve de cada diez veces, según las investigaciones, nuestras riñas se pueden resolver si tan solo vemos con precisión el asunto problemático desde la perspectiva de nuestro cónyuge. Esto es un reto, por supuesto. La empatía es un trabajo duro. Estas reglas y herramientas, sin embargo, lo hacen mucho más fácil: (1) lea la mente de su pareja y (2) haga una oración.

Regla de empatía 1: Leer la mente de su pareja

Lo crea o no, todo el mundo lee la mente de los demás, especialmente en el matrimonio. En cualquier interacción comprendemos el sentido de las palabras que se dicen, vemos las expresiones faciales y el lenguaje corporal, y registramos el tono de voz y la cadencia del discurso. ¿Por

> El amor es buscar actuar por el bien más alto de la otra persona.
> JERRY COOK

qué? Para entender la mente de la otra persona. Los investigadores de UCLA lo llaman capacidad perceptiva mental. Lo usamos en la mayoría de las discusiones acaloradas y en la entonación más alegre. Constantemente estamos reuniendo pistas sobre lo que hay en la mente de nuestro cónyuge.

Y a decir verdad, no somos muy buenos haciéndolo. A menudo leemos mal las intenciones del otro, o creemos algo de sus sentimientos que está a kilómetros de distancia de ser verdad. A pesar de las tres mil expresiones distintas que podemos usar cada día, la vasta mayoría de nosotros somos muy malos para detectar los sentimientos que comunican.

A un nivel más profundo, quizá sintamos lo que pasa por la mente de nuestra pareja "atrapando" lo que está sintiendo. Las emociones son, en un sentido, contagiosas. Los estudios muestran que mientras conversamos y sin darnos cuenta de ello, a menudo imitamos la conducta, habla, ritmo, gestos, expresiones y actitudes físicas del otro. Y esto nos ayuda a obtener un sentimiento directo de sus sentimientos y actitudes psicológicas también.

Todo este esfuerzo, a menudo inconsciente, nos ayuda a evaluar lo que nuestro cónyuge siente. Tras no mucho tiempo de interacción, un esposo podría llegar a creer que Jane debe de estar muy inquieta con su trabajo. Y quizá tenga razón. Pero de nuevo, la tensión que él siente quizá fuera producto de su propia imaginación porque su propia experiencia de la vida colorea su mente. Nuestra historia, prejuicios y distorsiones del recuerdo nos hacen vulnerables para leer motivos internos y convertirlos en claras afirmaciones, haciéndonos proyectar sentimientos en nuestra pareja que no existen.

Décadas de investigación sobre la lectura de la mente, o precisión empática, como lo llaman los psicólogos, revelan

> Amábamos con un amor que era más que amor.
> EDGAR ALLAN POE

que los pensamientos y sentimientos de otros, incluyendo los mas cercanos a nosotros, están lejos de ser transparentes. En un significativo experimento, extraños fueron grabados en video mientras conversaban. Después hablaron de sus pensamientos y sentimientos segundo a segundo, así como sus evaluaciones de los pensamientos y sentimientos de sus homólogos. Los resultados mostraron que se leían unos a otros con una media de precisión de un 20 por ciento. Los amigos íntimos y las parejas casadas suben esa media hasta el 35 por ciento. "Casi nadie logra puntuar por encima del sesenta por ciento", reportó el psicólogo William Ickes, el padre de la precisión empática.[7]

Aun así, seguimos intentando leer la mente de nuestra pareja. Pero ¿deberíamos hacerlo? Algunos dicen que deberíamos hacerlo porque nos lleva a tener problemas. Pero, en nuestra opinión, eso es como intentar impedir que un gato persiga a un ratón. Como vamos a intentarlo y a leer la mente de nuestro cónyuge de todos modos, nosotros decimos que lo hagan deliberadamente. Hemos estado haciendo esto durante años, y se lo hemos enseñado a innumerables parejas. No se preocupe, no requiere que se siente en el suelo a estilo swami y lleve un divertido turbante. Así es como funciona.

Cuando uno de los dos está corriendo el riesgo de hacer una suposición o de leer un mensaje, simplemente diga: "Me gustaría leer tu mente". Cuando su pareja acceda, dígale lo que percibe y luego pida que lo valide. Puede decir: "¿Cuál es mi grado de precisión?".

Después, su pareja simplemente evalúa lo preciso (o impreciso) que usted ha sido en una escala de 1 a 10, donde 10 es acertar de pleno. Este es un ejemplo:

Ella: "Me gustaría leer tu mente".

Él: "Cuando quieras".

Ella: "Anoche cenando, cuando hiciste ese chiste acerca de la cantidad de minutos que usé mi teléfono celular, estabas pensado que empleo demasiado tiempo hablando con mi hermana. ¿Tengo razón?

Él: "Te pongo un tres. Se me pasó el pensamiento por la cabeza, pero no mucho rato. Realmente me preguntaba si deberíamos contratar un nuevo servicio de telefonía".

O piense en el ejemplo de una pareja que está pensando en mudarse al otro lado del país por una nueva oferta de empleo:

Él: "Me gustaría leer tu mente".

Ella: "De acuerdo".

Él: "Creo que aunque dices que estás dispuesta a mudar a nuestra familia a Filadelfia, realmente quisieras quedarte. Creo que te da miedo decepcionarme o retener mi carrera. ¿Es así?

Ella: "Sí. Te pongo un ocho o un nueve. Tienes razón. Me da miedo expresar lo que pienso porque sé lo emocionado que estás con esta oportunidad".

Ya se dan una idea. Este pequeño ejercicio espanta todos los fantasmas de los mensajes potencialmente malinterpretados. Les permite poner sus temores y frustraciones sobre la mesa para ver si son válidos. Y lo más importante, les ayuda a ponerse en el lugar del otro y entender mejor su perspectiva. ¡Piensen en el tiempo y energía que pueden ahorrar con esta estrategia! Pero tengan cuidado: esta herramienta no funciona si no están actuando desde una base de querer genuinamente entender a su pareja.

Regla de empatía 2: Hacer una oración

La obra de teatro y película de William Nicholson, *Shadowlands* [En tierras de penumbra] retrata la relación entre el reconocido escritor C. S. Lewis y la escritora americana Joy Gresham. Su creciente amistad llevó a un matrimonio de conveniencia. El profesor de Oxford se casó con la madre soltera en una ceremonia civil secreta para que Joy pudiera obtener su ciudadanía inglesa. Finalmente se descubrió que Joy tenía un cáncer terminal, y en el proceso Lewis se dio cuenta de su amor por ella.

El cáncer de Joy remitió temporalmente, y por un tiempo ella y Lewis experimentaron la profundidad del amor comprometido. Durante ese periodo, un sacerdote anglicano habló con Lewis acerca de la oración. El sacerdote dijo:

—Sé lo mucho que has estado orando. Y ahora Dios está respondiendo tu oración.

—Esa no es la razón por la que oro, Harry —respondió Lewis—. Oro porque no puedo evitarlo. Oro porque estoy desesperado. Oro porque la necesidad fluye de mí todo el tiempo, despierto o dormido. No cambia a Dios, sino a mí.

Quizá ya hayan descubierto el poder inherente de la oración en su matrimonio. Si es así, sabrán lo mucho que la oración puede cambiarles.[8] Baja las defensas y abre sus ojos a la perspectiva del otro. Une sus espíritus, incluso cuando sus distintos temperamentos, ideas y gustos amenacen con dividirles.

Y por cierto, para todos los escépticos que piensan que la oración es para personas rígidas que apenas pueden mencionar la palabra *sexo* sin sonrojarse, las investigaciones han descubierto algo sorprendente: las parejas que oran juntas tienen una mejor vida sexual. Además, un estudio de la universidad de Texas, San Antonio y publicado en el *Journal of Marriage and Family* reveló que el 83 por ciento de las parejas que oran juntas describen su relación como muy feliz, comparado con el 69 por ciento de los que no oran juntos.[9] Las parejas que oran también están más sanas. Tras entrevistar a más de mil personas acerca de la naturaleza de sus oraciones, Neal Krause de la Universidad de Michigan descubrió que orar por su cónyuge reduce el estrés y la presión en la persona que hace la oración, consiguiendo que la empatía sea más fácil.[10]

> Encuentre lo bueno,
> y alábelo.
> ALEX HALEY

Frank Fincham, un erudito eminente y director del Instituto para la Familia de la Universidad Estatal de Florida, estudió el impacto de la oración en el matrimonio. "Reclutamos a personas para participar en un estudio de cuatro semanas donde se les asignaron al azar o bien orar por su pareja, participar de la oración general o apartar un tiempo para pensar en las cosas positivas de la vida y en su pareja", dijo. "Dos veces por semana se les pedía que escribieran en línea lo que habían hecho".

La investigación de Fincham reveló que quienes oraban por su pareja mostraban una mayor disposición a perdonar a su pareja por una transgresión. Otros estudios de parejas casadas durante 25 años o más revelaron que el perdón era una de las características más importantes de la larga duración de su relación, per-

> No se puede estrechar la mano con el puño cerrado.
> INDIRA GANDHI

mitiéndoles mantenerse felizmente casados incluso cuando lidiaban con un conflicto. "Nuestra investigación muestra que orar por su pareja puede llevarles de nuevo a las metas comunes", dijo Fincham. "Cuando las personas oran, se hacen uno con su cónyuge. Se produce un cambio muy sutil. La oración regula su emoción y nunca le lleva a la ira".

EL PODER DE UNA BUENA REGLA

Durante años, las multitudes de personas luchando por conseguir un taxi en la ocupada estación de Penn Station en Nueva York desembocaron en episodios horribles de conflicto e incluso de violencia. Las personas apresuradas hacían cosas terribles solo para adelantarse a alguien que estaba llamando a un taxi.

La Comisión de taxis y limusinas hizo algo muy simple. Pintaron una banda amarilla en la acera y estarcieron dos palabras en la acera: "Línea de taxis". Eso es todo. Pero transformó por completo la conducta de la gente. Ahora todos, casi siempre, simplemente esperan en fila sin necesidad de que ningún policía haga cumplir la regla. Lo único necesario para restaurar el civismo fue una buena regla a seguir.

Es difícil cuestionar el valor de una buena regla que funciona. Hemos hecho nuestro mejor esfuerzo para darles nueve reglas fundamentales prácticas para gestionar sus conflictos de pareja. Vamos a resumirlas:

Para más cooperación…

- **Compartir retiradas**
- **Evaluar la profundidad de su desacuerdo**
- **Acordar estar en desacuerdo cuando sea necesario**

Para más posesión

- **Disculparse cuando lo sienta**
- **Practicar la fórmula X-Y-Z**

Para más respeto

- **No ser cruel**
- **Tomar un tiempo para pensar si es necesario**

Para más empatía

- **Leer la mente de su pareja**
- **Hacer una oración**

Seguro que les parecerá que algunas de estas reglas y herramientas son más útiles que otras, porque cada pareja tiene diferentes tendencias que necesitan ser abordadas. Lo que importa es que usen lo que les funcione a los dos. Al implementar las reglas para su propio club de pelea estamos seguros de que llegarán al CENTRO de una buena pelea.

PARA LA REFLEXIÓN

- Una de las reglas les anima a tomarse un tiempo para pensar cuando sea necesario. ¿Han hecho eso antes cuando un conflicto estaba comenzando a ser demasiado intenso? ¿Qué ocurrió? ¿Se acuerdan de un intercambio en el que les habría venido bien tomarse un tiempo para pensar y no lo hicieron? ¿El resultado?

- De todas las reglas anotadas en este capítulo, ¿cuál creen que es la que les resultará más difícil de seguir y por qué?

- Al repasar las nueve reglas en este capítulo, ¿cuáles son las que tienen más probabilidades de implementar en su propio club de pelea y por qué?

★ CAPÍTULO 6 ★
DESCUBRIR SU TIPO DE CONFLICTO PERSONAL

Cuando todos piensan igual,
nadie piensa mucho.
WALTER LIPPMAN

—¡CARAMBA! **DEBES DE NECESITAR** mucha ayuda con tu personalidad.

Mi amigo Kevin hizo esta afirmación mientras estaba frente a una estantería de libros en mi estudio.

—Dejé de contar después de los veinticinco —continuó. Kevin se refería al número de libros de texto sobre la personalidad que había en un par de estanterías.

—¿Cómo puede haber tanto que decir acerca de las personalidades de las personas?

Es una buena pregunta. Cada año se publican nuevos libros sobre el tema, por no hablar de los miles de artículos en las revistas profesionales y en los estantes sensacionalistas de los supermercados. Y cada semestre otoñal durante muchos años ya, yo (Les) enseñaba una clase en la universidad llamada "Personalidad". Encontrará este curso en cada temario universitario en todas las universidades del país.

Nosotros los humanos, o al menos los psicólogos, nunca nos cansamos de intentar entender lo que mueve a la gente. Desvelar el código de nuestras emociones, actitudes, motivaciones y conducta, lo que colectivamente llamamos personalidad, se puede remontar al menos hasta la antigua Grecia con Hipócrates. Él propuso cuatro categorías de tipos de personalidad o temperamentos, y nosotros hemos estado categorizando personalidades desde entonces. De hecho, hay cientos de teorías respetables y respetadas de la personalidad. No es de extrañar que tengamos tantos libros sobre este asunto. Todos queremos saber por qué las personas hacen lo que hacen. Y la ciencia social ha aportado algunas explicaciones bastante útiles. Por eso algunas oficinas tienen literalmente el perfil de sus empleados pegado fuera de sus cubículos. Más del 80 por ciento de las empresas de Fortune 500 usan tests de personalidad con sus empleados con el fin de hacer equipo.[1] Saber cómo alguien está constituido hace que sea más fácil llevarse bien con él. Y eso ciertamente ocurre en el matrimonio.

Hace algún tiempo trabajamos con un equipo de profesionales para desarrollar una sofisticada herramienta en línea que ayuda a las parejas a entender la combinación de sus personalidades concretas. Se llama L.O.V.E. Style Assessment. Y cada día oímos de parejas que encuentran un tremendo valor en descubrir sus perfiles de personalidad y cómo estos moldean su relación.*

Todos tenemos una personalidad. Está influenciada por nuestro trasfondo y nuestra biología, y contiene la clave para explicar todo, desde cómo vemos el afecto a cómo educamos a nuestros hijos. Y sí, la personalidad tiene mucho que decir en cuanto a cómo manejamos el conflicto. De hecho, entender cómo su constitución influencia su manea de abordar el conflicto es esencial para evitar malos resultados en las peleas de pareja.

---

* El L.O.V.E. Style Assessment dura diez minutos y le da aproximadamente quince páginas de información personalizada. Revela mucho más que cómo maneja usted el conflicto. También revela cómo su personalidad enfoca el sexo, el dinero, la comunicación y más. Si está interesado, vaya a www.LesandLeslie.com y use la palabra "LOVE" para recibir un descuento.

Tenemos un nombre para el modo en que su personalidad influencia su enfoque del conflicto. Lo llamamos Tipo de pelea. Y dedicamos este capítulo a ayudar a cada uno de ustedes a descubrir su propio Tipo de pelea, porque las parejas que entienden sus respectivos Tipos de pelea es mucho más probable que luchen una buena pelea.

EL AMOR ES UN CAMPO DE BATALLA

Cuando Tim Keller mudó a su familia a la ciudad de Nueva York para comenzar la iglesia Redeemer Presbyterian Church, le pidió a su esposa Kathy que le diera tres años de largas horas, y después de eso, prometía que las cosas cambiarían.

Kathy accedió a la petición de Tim, pero cuando llegó y pasó la marca de los tres años, Tim dijo: "Solo un par de meses más". Después, los meses volaron sin cambio alguno. Aunque Kathy recordó a Tim varias veces que honrase su promesa, fue increíblemente paciente y contenida sobre sus continuadas largas horas de trabajo; sin embargo, estaba decidida a captar la atención de Tim y efectuar un cambio.

Tim escribe lo que ocurrió después:

Un día llegué a casa del trabajo y oí un ruido procedente del balcón. En otro par de segundos oí otro. Salí al balcón y, para mi sorpresa, vi a Kathy sentada en el piso con un martillo, un montón de la porcelana de nuestra boda. En el piso estaban los pedazos de dos platos rotos.

> El concepto que el individuo tiene de sí mismo es el núcleo de su personalidad. Afecta a cada aspecto de la conducta humana.
> **JOYCE BROTHERS**

Quedé asombrado, pero Kathy dijo con calma:

—No te das cuenta de que si sigues trabajando estas horas vas a destruir esta familia. Esto es lo que estás haciendo —y dejó caer el martillo sobre el tercer plato.

Kathy pudo explicar sus argumentos con fuerza, pero con control emocional; y cuando vio que yo estaba escuchando de veras, nos abrazamos. Más adelante, dije:

—Pensé que estabas sufriendo un colapso emocional.

Con una sonrisa, me respondió:

—Las tazas [de esos platos] se rompieron hace años. Tenía tres platos de más. Me alegro de que te sentaras antes de que tuviera que romper más.[2]

¿Qué revela esta interacción clave acerca de las personalidades de Tim y Kathy? Por un lado, muestra que Kathy es una mujer paciente. No se quejó durante los tres años. Firmó el acuerdo, y solo cuando era el momento acertado cuidadosamente manejó su confrontación. Eso conlleva disciplina. Solo un cierto tipo de personalidad hace eso.

> Se puede decir mucho sobre una persona por el modo en que él o ella maneja estas tres cosas: un día lluvioso, equipaje perdido y luces del árbol de Navidad enredadas.
>
> **MAYA ANGELOU**

La historia también muestra algo sobre Tim. Él es obviamente un hombre enérgico que mantiene su ojo puesto en su meta, a menos que ocurra algo dramático que cambie su atención. Y cuando eso sucede, se inclina para enderezarlo. Repito: no todas las personalidades operan así.

Numerosas características están en juego en la personalidad de cada uno, pero este panorama de Tim y Kathy destaca dos características que son críticas para el Tipo de pelea de cada uno: (1) expresividad y (2) flexibilidad. Estas dos dimensiones definen su acercamiento a la tensión interpersonal. La expresividad revela lo dispuesto que está usted a hablar de lo que le preocupa. La flexibilidad revela lo dispuesto que está a adaptarse a lo que le preocupa a su pareja. La manera en que ambos se combinan define su Tipo de pelea.

EXPRESIVIDAD: ¿HABLAN DE LO QUE LES PREOCUPA?

Un hombre de Berlín, Alemania, tomó un enfoque poco común para intentar llevar la paz a su matrimonio. CNN informó que el hombre estaba usando una vieja alarma antiaérea para aturdir a su esposa a fin de que se sometiera.

"Mi esposa nunca me deja meter baza —le dijo el hombre identificado como Vladimir R. a la policía—. Así que arranco con la manivela la sirena y la dejo sonar durante unos minutos. Funciona todas las veces. Después, se vuelve a gozar del silencio".

La sirena del tejado de 220 voltios del anciano de 73 años fue confiscada por la policía después de que los vecinos se quejaran. En cuanto a su esposa desde hace 32 años, ella dijo: "Mi esposo es una mula terca, así que le tengo que gritar".[3]

Se podría decir que esta pareja tiene algunos problemas. Y uno de ellos es sus diferentes niveles de expresividad. No hay que irse a los extremos, sin embargo, para ver cómo la expresividad se desenvuelve en un típico matrimonio. No es extraño que algunas personas sean más expresivas que otras sobre sus preferencias. Se animan cuando hablan. Hablan más alto y más tiempo que otros. Si algo les preocupa, es probable que se lo dejen saber.

Por otro lado, las personas poco expresivas son lentas en mostrar emoción y pueden ser difíciles de leer. No tienen tendencia a expresarlo, al menos hasta que componen sus pensamientos. Y si les preocupa algo, puede que usted no lo sepa. Es probable que se lo guarden hasta que piensen con detenimiento lo que tienen que decir.

Por supuesto, pocas personas encajan perfectamente en un solo campo. La expresividad es un continuo, como vemos en las dos columnas de abajo. ¿Con qué lado se identifica usted más?

MÁS EXPRESIVO		MENOS EXPRESIVO
Hablador	←——————→	Reflexivo
Extrovertido	←——————→	Introvertido
Valiente	←——————→	Precavido
Emocional	←——————→	Meditado
Enérgico	←——————→	Se toma su tiempo
Alto	←——————→	Suave
Desinhibido	←——————→	Inhibido
Carismático	←——————→	Reservado
Optimista	←——————→	Realista

La expresividad es simplemente un indicador de lo dispuesto que está usted a hablar de lo que le preocupa. Por supuesto, cuanto más tienda a quejarse, más probable es que tenga conflictos.

FLEXIBILIDAD: ¿SE ADAPTA A LO QUE LE PREOCUPA A SU CÓNYUGE?

Imagine que acaba de llevar su automóvil para una puesta a punto rutinaria. El mecánico dice: "Este automóvil está en muy buen estado. Funciona perfectamente y no tuve que hacerle nada". Después ese mismo día, sus frenos no le funcionan. Usted descubre que el líquido de frenos está peligrosamente bajo. Podría haber tenido un accidente fatal.

> En el curso de mi observación, las personas que disputan, son contradictorias y refutan, son generalmente desafortunadas en sus asuntos. Obtienen victoria a veces, pero nunca obtienen buena voluntad, lo cual les sería de mayor provecho.
>
> **BENJAMIN FRANKLIN**

Regresa al mecánico, y le dice: "¿Por qué no me lo dijo?".

El mecánico responde: "Bueno, es que no quería que se sintiera usted mal. Además, para ser honesto, tenía miedo de que se decepcionara de mí y quiero caerle bien".

¡Esa respuesta le haría estar furioso!

Lo mismo ocurre cuando una parte en la pareja evita decir la verdad porque no quiere perder la aprobación de su cónyuge. Disimulan los problemas para intentar mantener la paz. Se les olvida mencionar las facturas que ya han vencido.

Andan con pies de plomo para evitar causar conflictos. Están en una punta de la escala de la flexibilidad, intentando desesperadamente no hacer olas. Están deseosos de agradar y dispuestos a ser flexibles con los deseos y antojos de su pareja. Podemos pensar en ellos como los que quieren aplacar las rupturas relacionales.

Otros cónyuges tienden hacia lo contrario. Un poco de conflicto no les molesta. No están dispuestos a andarse con pies de plomo para adaptarse a los sentimientos de alguien. Tienden más a decir lo que piensan. Ellos se mantienen firmes y defienden su terreno. Algunos les llaman tercos o determinados porque a menudo no ceden en su perspectiva. En breve, no temen a que se produzca alguna disputa.

La flexibilidad, como la expresividad, es un continuo. Pensemos en las dos columnas de palabras de abajo. ¿Le describe más un lado que otro?

MÁS FLEXIBLE	MENOS FLEXIBLE
Cariñoso ←——————→	Duro
Fiable ←——————→	Reticente
Agradable ←——————→	Fáctico
Llevadero ←——————→	Decisivo
Pacífico ←——————→	Demandante
Suave ←——————→	Fuerte
Indirecto ←——————→	Directo
Se adapta ←——————→	Crítico
Que apacigua ←——————→	Provocativo
Colaborador ←——————→	Cauto

La flexibilidad es una medida de lo dispuestos que están a adaptarse a los problemas de su cónyuge. Por supuesto, cuanto más tiendan a ser flexibles, menos probable es que cultiven el conflicto.

LOS CUATRO TIPOS DE PELEA

Una vez que decida lo expresivo que es en cuanto a sus deseos y lo flexible que es para suplir los deseos de su cónyuge, encontrará que encaja en uno de los siguientes cuatro cuadrantes:

Como puede ver, usted es un luchador competitivo si es altamente expresivo y menos flexible. Usted es un luchador colaborador si es altamente expresivo y altamente flexible. Y así sucesivamente. Por supuesto, quizá esté a gusto con más de uno de estos cuadrantes. Quizá sea una combinación de un luchador cauto y competitivo, por ejemplo.

EXPLORAR SU TIPO DE PELEA PERSONAL

En esta sección describiremos las características de personalidad que constituyen cada uno de los cuatro Tipo de pelea. Si no está seguro aún de su propio Tipo de pelea, las siguientes descripciones le ayudarán a determinarlo. Si ya conoce su propio Tipo de pelea, quizá prefiera centrarse solamente en esa sección. Aunque seguro que encontrará utilidad en leer acerca de cada uno de los cuatro tipos, hemos diseñado esta sección para que se pueda saltar los que no se apliquen a usted y pueda ir directamente a aquello que le interese.

El luchador competitivo

Le gusta ganar. Tiende a ser más expresivo acerca de sus problemas y menos flexible al adaptarse a los de su pareja. Usted se enfoca mucho en las metas y es agresivo. A menudo es directo y va al grano, y su deseo de ganar significa que puede verse como directo. Cuando está en una discusión, su lengua puede tener un punto afilado, ya sea con intención o sin ella. Es posible también que sea un oyente impaciente, especialmente cuando está estresado. En otras palabras, probablemente descubra lo que su cónyuge está tratando de decir mucho antes de que su cónyuge haya terminado de decirlo y está impaciente de lanzar el contraataque.

Cuando su cónyuge discrepa con usted, eso tan solo fortifica su determinación a ganar. "Mi esposa adopta una postura y se

> Lo difícil en el matrimonio es que nos enamoramos de una personalidad, pero debemos vivir con un carácter.
> PETER DEVRIES

apega a ella por encima de todo —nos dijo un esposo recién casado—. Se convence tanto de que tiene razón, que no gasta energías en intentar ver mi lado. Siento que me he casado con una abogada". Así es la vida con un luchador competitivo. No es que no quiera encontrar una solución, tan solo quiere, idealmente, que su cónyuge reconozca que usted tiene razón primero.

De hecho, probablemente no le gusta dejar que el conflicto se alargue. Usted quiere ponerlo encima de la mesa y encontrar una solución. Por supuesto, eso no siempre es fácil en una relación que requiere un compromiso. Como una persona que no lucha con ser indecisa, la humildad puede que sea uno de sus mayores obstáculos para luchar una buena pelea. Como luchador competitivo, a menudo puede beneficiarse de trabajar en la C de una buena pelea: *cooperar* para pelear por una situación en la que ambos ganen.

El luchador colaborador

Es un jugador de equipo. Tiende a ser expresivo y flexible. Escucha bien y también le encanta que le escuchen. Cuanto más le escucha su cónyuge, más amado se siente. También es adepto a mover la conversación para que sea lo más adaptada posible, especialmente si eso ayuda a esquivar un tema difícil.

Tiene tendencia a evitar el conflicto. Puede que evite directamente confrontar el asunto entre manos si su cónyuge quiere discutirlo. A veces enterrará sus propias necesidades o esconderá sus propios deseos simplemente para evitar tensión.

> Hay poca diferencia en las personas, pero esa pequeña diferencia marca una gran diferencia.
> W. CLEMENT STONE

A veces quizá incluso se traga sus sentimientos y pone una sonrisa para esconder su angustia. Y cuando las cosas se ponen difíciles y se siente especialmente estresado, quizá se retire de la relación por completo enfurruñándose.

Sea consciente de que evitar el conflicto es diferente a prevenir el conflicto. El primero no es sano y el último sí. Y es probable que usted haga ambas cosas. Además de evitar el conflicto escondiendo sus verdaderos sentimientos, usted también impide un posible conflicto en su matrimonio sabiendo que es probable que provoque un desacuerdo acalorado con su cónyuge. Como luchador colaborador, a menudo se puede beneficiar de trabajar con la E de una buena pelea: *empatizar* con su cónyuge para asegurarse de entender bien lo que piensa y siente.

El luchador conciliador

Como persona que es menos expresiva y flexible, le cuesta ser un pacificador. Como resultado, por lo general está en el lado tranquilo, manteniendo cuidadosamente ocultos muchos de sus sentimientos. Probablemente no divulga detalles a menos que le pregunten por ellos. Aborda sus conversaciones con un sentido de serenidad y calma, y su cónyuge necesita sonsacarle pacientemente. Aunque algo sea urgente o emocionante, usted lo expresa de una manera plana, sin emociones intensas. Tiende a hablar lenta y deliberadamente.

Como la paz es casi su mayor prioridad en el matrimonio, no experimenta muchas riñas externas con su cónyuge. Usted mantiene cubiertos sus conflictos, interiorizando sus luchas. Raras veces, si es que lo hace alguna vez, tiene un estallido emocional de ningún tipo, y ciertamente no uno de enojo. Otros Tipos de pelea pueden airear sus quejas y provocar tensión, pero no usted. El conflicto, para usted, se debe evitar a toda costa. Eso puede significar enterrar cualquier cosa desagradable que seguro provocará alguna disensión. Puede significar evitar un tema en concreto que está destinado a provocar agitación. No importa lo que le cueste, siempre y cuando mantenga la paz. Como un luchador conciliador, quizá vea especialmente beneficioso trabajar en la P de una buena pelea: *poseer* su parte de la tarta del conflicto.

El luchador cauto

Es considerado y precavido. Es menos expresivo y menos flexible. Le gusta enfocarse en los hechos, pero también investigará el significado oculto detrás de las palabras de su cónyuge. A menudo hará preguntas específicas de su cónyuge mientras busca entender un asunto a un nivel más profundo. Y a veces hará la misma pregunta hasta que encuentre la certeza, retroalimentación y razones para algo. En casi todas sus conversaciones con su cónyuge, usted necesita información y tiempo para pensar cuidadosamente lo que se esté discutiendo. Muchas de sus peleas son el resultado de sentirse criticado o porque ha leído algo en las motivaciones de su cónyuge. Y una vez que comienza el desacuerdo, usted tiende a ser muy rígido y excesivamente detallado cuando riñe con su cónyuge. Es decir, quizá usted cita lo que él o ella dijo, incluso días o semanas atrás, y cita ocasiones específicas que respaldan sus puntos. En vez de verbalizar su conflicto, incluso puede que escriba una larga nota que da una explicación detallada y lógica de su queja.

> Me encanta estar casada. Es estupendo encontrar a esa persona especial a la que uno quiere molestar durante el resto de su vida.
>
> RITA RUDNER

Como táctica, quizá también haga preguntas, parecido a un abogado, que atrapan a su cónyuge en un rincón, demostrando que usted tiene razón y que su cónyuge está equivocado. Esto puede hacer que su cónyuge se sienta menospreciado.

No le gusta pelear, pero por lo general es sensato con usted mismo en el proceso, a menos que se retire de una forma lúgubre y malhumorada. Como luchador cauto, quizá vea especialmente beneficioso trabajar en la R de una buena pelea: *respetar* a su pareja para asegurarse de que no se sienta menospreciada.

¿ESTOY ATASCADO EN MI TIPO DE PELEA?

Ahora que es consciente de su Tipo de pelea personal, puede que quisiera poder cambiarlo y se pregunta si puede hacerlo.

El filósofo francés Albert Camus dijo: "Seguimos dando forma a nuestra personalidad durante toda nuestra vida". Y eso es realmente cierto cuando se trata de partes de nuestra personalidad que influencian el modo en que peleamos. Ya sean ustedes competitivos, colaboradores, conciliadores o cautos, siempre pueden mejorar el modo en que manejan el conflicto.

Sin duda, la constitución básica para su temperamento es relativamente no negociable, pero pueden escoger qué aspectos de su personalidad acentuar o moderar. Por ejemplo, si como luchador competitivo sabe que tiende usted a ser bastante determinado y poco inhibido, puede aprender a controlar esas tendencias cuando tenga que hacerlo. O quizá sea un luchador cauto y esté en su disposición ser más sumiso y leal y, por lo tanto, es amonestado por no demostrar nunca sus emociones. Puede aprender a contrarrestar un poco esto cuando pudiera ser útil.

Por lo tanto, no piensen ni por un minuto que pueden culpar a su lado oscuro de la personalidad que Dios les ha dado. No pueden decir: "Bueno, grito mucho porque así soy yo y no puedo hacer nada al respecto". No. Eso no es cierto. Su Tipo de pelea no es una licencia para ser flagrantes con las partes de su personalidad que tan solo empeoran una mala pelea. Precisamente lo contrario. Ahora que son conscientes de su Tipo de lucha personal, pueden hacer más que nunca para asegurarse de que su enfoque personal en cuanto al conflicto sea saludable y productivo. En pocas palabras, llegar a ser consciente de su Tipo de pelea se convierte en una importante ventaja para luchar una buena pelea.

PARA LA REFLEXIÓN

- ¿Qué evaluación de personalidad ha tomado usted? ¿Qué sabe acerca de su personalidad como resultado? ¿Cómo le informa esta información a su Tipo de pelea?

- Basándose en lo que han leído en este capítulo, ¿cuál es su Tipo de pelea, si tuvieran que situarse en uno de los cuatro cuadrantes? ¿Qué factores de personalidad influenciaron su elección?

- Ahora que conoce su Tipo de pelea, ¿está contento con él? ¿Por qué o por qué no? Si no, ¿qué controles puede situar en tendencias que podrían afectar a sus conflictos matrimoniales?

★ CAPÍTULO 7 ★
COMPENSAR JUNTOS SUS TIPOS DE PELEA

Un largo matrimonio es dos personas intentando bailar un dueto y dos solos al mismo tiempo.

ANNE TAYLOR FLEMING

MIENTRAS ASISTÍAMOS A UN seminario para matrimonios sobre la comunicación, David y su esposa escucharon declarar al instructor: "Es esencial que esposos y esposas sepan las cosas que son importantes para el otro".

Él se dirigió al hombre.

—¿Puede describir la flor favorita de su esposa?

David se inclinó hacia adelante, tocó suavemente el brazo de su esposa y susurró:

—Pillsbury All-Purpose, ¿no?*

Es una broma tonta, pero establece un punto. Es muy valioso descubrir y entender su Tipo de pelea personal, como esperamos que hicieran en el capítulo anterior; pero es igualmente valioso entender también el Tipo de pelea de su cónyuge. Esperamos que los dos mantengan una buena conversación acerca de sus dos tipos. Eso les ayudará mucho para alcanzar una mejor comprensión el uno del otro y de las dinámicas de sus conflictos. Para ayudarles en esa dirección queremos transmitir algunos consejos, tan solo un poco para mejorar el

---

* En inglés se produce un juego de palabras entre "flor" (flower) y harina "flour", dando lugar a que el esposo confunda una flor con una marca de harina. (N. T.).

modo en que se relacionan con el Tipo de pelea de su cónyuge. Al igual que antes, pueden saltarse las pequeñas secciones que no se apliquen.

SI ESTÁ CASADO CON UN LUCHADOR COMPETITIVO... ESTABLEZCA ALGUNOS LÍMITES

"Esto sobre todo —dijo Shakespeare—, sea fiel a su propio ser".[1] Era su manera en lenguaje isabelino de decir que establezca algunos límites para usted mismo. Debido a que está casado con un luchador competitivo, puede que encuentre muchas oportunidades para pelear. Puede encontrarse debatiendo los mismos problemas una y otra vez: el modo en que uno conduce el auto, el modo en que se prepara la cena, y otros. Cuando identifique un problema recurrente como ese, convoque una reunión matrimonial. Establezca un límite.

En esa reunión, hablen sobre quién es mejor en ciertas tareas y quién debería controlarlas. Si es usted un mejor cocinero, debería estar en control de la cocina, y el luchador competitivo necesita estar de acuerdo en mantenerse al margen. Si él o ella es mejor detrás del volante, entonces él o ella debería conducir el auto. El truco para hacer que esta estrategia funcione es recordar al luchador competitivo su acuerdo. Si él o ella comienza a decirle cómo cortar zanahorias, por ejemplo, diga: "Acordamos que este es mi dominio y yo tengo el control aquí". Quizá tales roles delegados parezcan demasiado formales y prescritos para usted; lo cierto es que *pueden* serlo. Pero negociar sus roles delegados puede ayudarles a establecer sanos límites y mejorar su vida con un luchador competitivo haciendo que él o ella se mantengan al margen.

También puede marcar un límite siempre que su cónyuge intente rebajarle. Si él o ella está lanzando insultos, declare un tiempo para pensar. Declare un penalti. Diga algo como: "Ese comentario está fuera de límites y no voy a soportar que me hablen así". En otras palabras, establezca un límite que le proteja de que le den órdenes, pues de otro modo su luchador competitivo comienza a amedrentar.

SI ESTÁ CASADO CON UN LUCHADOR COLABORADOR...
PIDA HONESTIDAD

"Diga lo que tenga que decir, no lo que debiera",[2] dijo Henry David Thoreau. Ese es un consejo difícil de tragar para un luchador colaborador. Y puede ser muy frustrante para algunos cónyuges que están casados con un colaborador el buscar una opinión honesta. ¿Por qué? Porque a un colaborador no le gusta herir sus sentimientos; por lo tanto, les resulta difícil dar una mala noticia. Incluso si no les gusta algo, con frecuencia le darán un matiz positivo para evitar la confrontación.

Digamos que como sorpresa para su esposa, un esposo empapela el cuarto de baño en su día libre. Cuando ella llega a casa, él le muestra orgullosamente lo que ha hecho.

—¡Vaya! Realmente trabajaste duro en esto.

El esposo busca detalles. —Sí, pero ¿qué te parece? Ahora que está puesto, no estoy seguro de si se ve bien.

—Está estupendo —afirma su esposa, pero él sospecha que en realidad no le gusta.

Eso es lo que puede afrontar cuando está casado con un luchador colaborador. Usted realmente quiere que su cónyuge hablé con honestidad; pero lo único que obtiene son elogios gratuitos. ¿Qué puede usted hacer? Recuerde que lo último que su cónyuge quiere hacer es ofenderle. Por eso tendrá que presionarle un poco.

Muchas veces, una petición clara en busca de una opinión sincera es lo único que se requiere: "De verdad quiero saber lo que piensas; quiero tus comentarios sinceros". Una invitación a ser sincero, a decir lo que se piensa, es lo que necesita el luchador colaborador para abrirse con cualquier tipo de negatividad relacionada con su trabajo. Deje claro que su opinión e incluso su crítica no le ofenderá.

> La meta en el matrimonio no es pensar igual, sino pensar juntos.
> ROBERT C. DODDS

Por ejemplo, en lugar de decir: "¿Qué piensas de esta carta que escribí?", diga: "Si tú fueras yo, ¿qué cambiarias en esta carta? Realmente necesito comentarios sinceros y objetivos". Cuanto más invite usted un comentario directo como este, más probabilidad tendrá su cónyuge de ver que ser sincero con información negativa no es tan aterrador como él o ella pensaba.

SI ESTÁ CASADO CON UN LUCHADOR CONCILIADOR... NO PRESIONE O EMPUJE

¿Ha visto alguna vez a su cónyuge estar paralizado y quedarse inmóvil? Quizá usted estaba haciendo recados e intentando hacerlo con rapidez a fin de hacer una reserva para la cena al otro lado de la ciudad. Usted insta a su cónyuge a que recoja una receta en la farmacia mientras usted da la vuelta a la manzana porque no puede encontrar un lugar para estacionar.

—Tan solo sal y ve directamente al mostrador. Me encontraré contigo al otro lado de la calle cuando dé la vuelta para evitar que cambie el semáforo.

—¿Qué? —pregunta calmadamente su cónyuge.

—Tú ve, no puedo quedarme aquí mucho más tiempo —responde usted.

Pero su cónyuge se queda sentado allí en el asiento del pasajero casi paralizado. Usted se pregunta qué está sucediendo. Parece que su cónyuge está sufriendo un bloqueo mental, así que usted habla con más fuerza:

—¿Vas a hacerlo o no?

Bueno, la razón de que su luchador conciliador se haya quedado inmóvil es que usted ha presionado demasiado. Si quiere que su cónyuge se mueva, tiene que dejar de gritar. Los gritos producen parálisis para su cónyuge, y él o ella no responde bien a la presión. De hecho, tiende a cerrarse cuando se produce.

Si quiere motivar a un luchador conciliador, necesita persuadirle con amabilidad. Diga algo parecido a lo siguiente: "Ya que no podemos encontrar un espacio para estacionar, ¿qué te parece que te deje aquí para recoger la receta mientras yo doy la vuelta en el auto?". Es muy probable que su cónyuge responda positivamente a este enfoque. No suena como urgente, en alta voz y con presión. Y eso marca la diferencia. Convencer con amabilidad es una de las maneras más prácticas que encontrará de amar a su cónyuge, a quien le encanta la paz.

SI ESTÁ CASADO CON UN LUCHADOR CAUTO... HAGA LO QUE PROMETE

Su cónyuge luchador cauto puede ser un perfeccionista y en cierto modo demandante. No hay duda de que usted ya sabe eso. Pero puede que le ayude saber que esas demandas con frecuencia surgen de elevados niveles de ansiedad que salen a la superficie cuando usted no está a la altura de sus elevadas normas. Desde luego, esas normas puede que no sean legítimas, pero la ansiedad que su cónyuge experimenta es real. En otras palabras, su cónyuge se siente muy aprensivo cuando usted rompe una promesa o no cumple una fecha o una meta. Si usted dice que va a mantener ordenado el armario de la sala antes del fin de semana y llega la noche del viernes y aún no ha hecho ese trabajo, su cónyuge comienza a sentir que usted no es digno de confianza. Se pregunta en qué otros proyectos va usted a fallar. Y aumenta la ansiedad.

> Cuando los introvertidos están en conflicto el uno con el otro... puede que sea necesario un mapa a fin de seguir todos los silencios, matices no verbales y conductas pasivo-agresivas.
> ADAM S. MCHUGH

La tendencia humana común es retroceder ante las aparentemente irrazonables expectativas de un cónyuge: en cuanto al modo en que debería cortarse el césped, cuándo deben pagarse las facturas, cuándo debería organizarse la despensa, y muchas otras cosas. Sabemos que puede ser difícil, incluso un poco humillante, vivir bajo la desaprobación implícita de su cónyuge por tener expectativas demasiado elevadas. Pero sugerimos que haga a un lado su orgullo por el bien mayor y haga todo lo posible por realizar sus proyectos, sean grandes o pequeños, de una manera que sepa que agradará a su luchador cauto.

Cuando lo haga, no solo hará que su cónyuge se sienta más amado, sino que también disminuirá su nivel de ansiedad acerca de usted en general; y eso recorre un largo camino a la hora de ayudar a su cónyuge a relajar las elevadas normas.

A propósito, también puede ayudar a su cónyuge a relajar sus normas de perfección manteniéndolo informado sobre su progreso. Sencillamente diga algo parecido a lo siguiente: "Estoy realizando un gran progreso en ese proyecto que quieres que haga. Voy realmente bien". Un comentario así aligera la carga de un luchador cauto. Le ayuda a respirar con más facilidad y a sentirse más cómodo.

> La muerte y la vida están en poder de la lengua, y el que la ama comerá de sus frutos.
> **PROVERBIOS 18:21**

Así que dejemos esto claro. Si usted tiene un patrón de romper sus promesas, eso es un fallo en su integridad que necesita abordar a pesar de cuál sea el Tipo de pelea de su cónyuge. Puede amar mejor a su cónyuge, y es especialmente cierto con un luchador cauto, cuando no solo cumple lo que dice, sino también lo termina a un nivel que cumple por completo su promesa. Eso hará que su cónyuge se sienta feliz, y es una manera segura de evitar el conflicto en su hogar.

COMBINAR SUS TIPOS DE LUCHA

Cuando vemos las posibles combinaciones de Tipos de lucha, surgen diez pares. No vamos a verlos en detalle, pero no queríamos dejarles en este capítulo sin hablar un poco de ellos. Uno de esos emparejamientos es de ustedes. Leer su combinación particular les darán un rápido resumen de sus fortalezas y desafíos.

Luchador competitivo y luchador competitivo

Los dos son de convicciones férreas y no vacilan en ponerse los guantes, subir al ring y comenzar la pelea. La buena noticia es que ambos dicen lo que piensan, de modo que no necesitan imaginar lo que está siendo un problema para la relación. El desafío, desde luego, es cooperar y trabajar hacia una situación en la que ambos ganen. Eso no es fácil para los competidores.

Luchador colaborador y luchador colaborador

Esta es, en algunos aspectos, una combinación menos combativa de los Tipos de lucha. Ambas partes se inclinan a dar voz a sus problemas pero con tacto. Eso evita que se avive el conflicto. Desde luego, esto no significa que no tengan sus momentos de tensión, pero cuando surgen, tienden a ser respetuosos y trabajar juntos.

Luchador conciliador y luchador conciliador

A primera vista, estas parejas parecen no tener conflictos. Ambos están dedicados a mantener la paz. Ninguno quiere avivar problemas, y por eso no expresan lo que les molesta. Como resultado, con frecuencia caminan con pies de plomo, creando algunos momentos incómodos que dejan a un lado problemas que realmente hay que abordar.

Luchador cauto y luchador cauto

No tienen probabilidad de pelearse frecuentemente y, cuando lo hacen, pasan lentamente a la pelea. Los dos calculan sus movimientos. Piensan seriamente acerca de lo que quieren decir y, como resultado, sus peleas puede que duren más que la mayoría. Y cuando las cosas se ponen realmente difíciles, ambos corren el riesgo de apartarse el uno al otro tratándose con frialdad.

Luchador competitivo y luchador colaborador

Si es usted la parte competitiva en esta relación, necesita contar sus bendiciones por un cónyuge flexible que está dispuesto a subirse al ring y solucionar las cosas. Cuanto más tiempo estén casados, es probable que más hayan mejorado en gestionar equitativamente sus peleas. Puede que se pongan intensas pero normalmente no duran mucho tiempo.

Luchador competitivo y luchador conciliador

Los dos puede que tengan un estupendo matrimonio, pero cuando comienzan a pelearse, es un partido injusto. El luchador conciliador comenzará la pelea cada vez. Esto puede que irrite al luchador competitivo en ocasiones, pero la mayor parte de las veces constituye una relación bastante pacífica; mientras el luchador competitivo haya aprendido a retirar sus golpes y el luchador conciliador no esté manejando infelicidad retenida.

Luchador competitivo y luchador cauto

Si esta es la combinación de su Tipo de pelea, tienen una cosa en común: ambos pelean por lo que quieren; pero pelean por ello de diferentes maneras. El luchador competitivo es expresivo y espontáneo. El luchador cauto es más callado y calculador. Precisamente la diferencia en sus estilos puede exacerbar sus conflictos. Por eso los dos necesitan asegurarse de estar mostrándose mutuamente respeto.

Luchador colaborador y luchador conciliador

Los dos están casi demasiado ocupados satisfaciendo las necesidades mutuas para mantener demasiadas peleas. Cada uno es flexible y está ansioso por encontrar decisión sin tener demasiada tensión en la relación. Pero ya que el colaborador se inclina más a expresar los problemas, el luchador conciliador, que desea mantener la paz, puede que mantenga aplazadas sus necesidades. Con el tiempo, esto puede conducir al resentimiento.

Luchador colaborador y luchador cauto

Con esta combinación, sus peleas tienen un tono bastante bajo, comparado con otras parejas. Puede que tengan su parte de tensión pero en raras ocasiones elevan sus voces. En cambio, ambos ponen los problemas sobre la mesa; puede que no lleguen a la mesa de inmediato, porque el luchador cauto necesita tiempo para hablar de ello con precisión. Y cuando sí lo hacen, lo solucionan racionalmente.

Luchador conciliador y luchador cauto

Ambos están dedicados a mantener la paz. Eso es bueno. En raras ocasiones, si es que alguna, tienen peleas con voces elevadas. En cambio, ambos trabajan para evitar que el problema se haga más grande; esto es bueno mientras sus naturalezas conciliadora y cauta no hagan que se retiren. Esta en realidad puede ser una combinación peligrosa, porque aumenta la posibilidad de ese tipo de retirada. Cuando una de las partes intenta relacionarse con la otra y la otra parte se retira, se considera una falta de interés, y eso es dañino. En general, la combinación conciliador-cauto tiene algunas ventajas positivas mientras ambos guarden esta precaución.

> Lealtad significa que usted me dé su sincera opinión, aunque piense que me gustará o no.
> COLIN POWELL

AHORA ES TURNO DE USTEDES

Una escuela de pensamiento en la psicología dice: "ser consciente es curativo". En otras palabras, tan solo ser consciente de algo con frecuencia es suficiente para ayudarle a mejorarlo. Esperamos que este capítulo haya aumentado su conciencia del modo en que su Tipo de pelea y el de su cónyuge interactúan para manejar el conflicto. Por eso es importante que identifique y entienda no solo su propio Tipo de pelea sino también el de su cónyuge. Ambos Tipos de pelea participan en cada conflicto, y su capacidad de trabajar hacia un resultado exitoso depende en saber cómo trabajan juntos sus Tipos de pelea. Nuestra oración por ustedes es que utilicen este conocimiento para trabajar hacia hacer de cada pelea una buena pelea. Hemos hecho todo lo posible por darles las herramientas, y el resto les corresponde a ustedes.

PARA LA REFLEXIÓN

- ¿Cómo afecta la información que han aprendido en este capítulo al modo en que usted y su cónyuge manejan el conflicto?

- ¿Han hablado los dos sobre cómo afectan sus Tipos de pelea a su enfoque de los conflictos? Si es así, ¿cuál fue el resultado? Si no, ¿qué pueden hacer para mejorar el modo en que interactúan su Tipo de pelea con el de su cónyuge?

- Al considerar cómo se combinan sus dos Tipos de pelea en su relación, ¿cuál es la mayor fortaleza que aportan a la mesa? ¿Cuál es su mayor reto en términos de hacer que sus dos estilos trabajen juntos eficazmente?

★ CAPÍTULO 8 ★

PELEAR EN LOS CINCO GRANDES

*Matrimonio significa expectativas,
y expectativas significan conflicto.*

PAXTON BLAIR

IMAGINE TENER A UN árbitro, con una camiseta de rayas blancas y negras y un silbato en su boca, presidiendo sobre su próxima riña matrimonial. El oficial les vería a los dos pelear durante un rato, y al ver lo suficiente de la competición declararía a uno de ustedes como ganador. Por extraño que parezca, algunas parejas en la vida real conocen verdaderamente esta experiencia:

- Reita Robinson quiere que su esposo Joe dome el cabello de su hija. Joe piensa que su hija debería llevarlo como quiera como forma de autoexpresión.
- Kurt Green piensa que su esposa Wendy está obsesionada con mandar tarjetas. A Wendy le gusta ser amable.
- John D´Annunzio dice que los cojines decorados que compra su esposa son ridículos. Machaeline dice que hacen que la casa se vea más bonita.
- Donna Pulgiano quiere que su esposo Frank deje de hablar con tantos extraños. Frank piensa que eso es inofensivo.

Cada una de esas parejas y sus continuadas discusiones fueron presentadas en un programa de televisión, *The Marriage Ref*, que debutó en la NBC en 2010. La premisa del programa implicaba a parejas en la vida real que aparecían en el estudio para enfrentarse a un panel de "expertos" compuesto por celebridades y cómicos como Alec Baldwin, Madonna y Ricky Gervais, quienes sopesan y deciden cuál de los cónyuges tiene razón. El presentador Tom Papa (el árbitro) hace el llamado final y declara a uno de los cónyuges en cada pareja que combate ganador.

La meta, según los productores del programa, era dar a las parejas algo que siempre han querido pero que nunca han tenido: un claro ganador. Cerca del final de cada episodio, la audiencia en el estudio votaba para hacer a uno de los ganadores "el que tiene más razón". Esos ganadores recibirán 25.000 dólares y sus propios carteles, en sus ciudades natales, declarando que tenían la razón.

Aparentemente, descubrir quién tiene razón no valió la pena verlo tanto como la red esperaba. El programa fue un gran fracaso, recibiendo una aceptación abrumadoramente negativa por parte de críticos y audiencias por igual.[1] ¿Por qué? Quizá a las personas no les gustaba la idea de sacar a la luz las disputas matrimoniales. O quizá fuese la idea de que celebridades con relaciones no tan exitosas estuviesen dispensando consejos matrimoniales. O quizá fuese la alineación de parejas que se peleaban y que parecían haber sido demasiado entrenadas, incluso para un supuesto reality show. O podría ser que la idea de catalogar a una de las partes como con razón y a la otra como equivocada sencillamente no cayó bien al público.

Personalmente, pensamos que pudo haber sido que las peleas eran muy tediosas. Dudamos de que la audiencia pudiera identificarse con muchos de los temas de pelea. ¿Hablar con extraños y cojines decorados? ¿De verdad? ¿Son esos los problemas por los que se pelean las parejas? Es cierto que muchas riñas matrimoniales pueden producirse por nimiedades. Como decimos frecuentemente, se necesita muy poco para que surja una pelea en la mayoría de matrimonios. Pero las peleas que realmente acaloran las cosas, las peleas que más importan, son más importantes que tarjetas y estilos de peinado. Los temas calientes más predecibles son los que encienden los conflictos más combustibles.

Muchas parejas se pelean un poco; algunas parejas se pelean mucho. Pero casi todas las parejas se pelean por las mismas cinco cosas: dinero, sexo, trabajo, educación de los hijos y tareas del hogar. En parte, se debe a que esos cinco asuntos son botones calientes para casi todo el mundo, estresantes que hablan a nuestro sentimiento de amor y justicia.

Pocos buscamos un árbitro matrimonial para que señale quién tiene razón y quién está equivocado en estas cinco áreas. Una pelea que termina con un ganador y un perdedor es la antítesis de una buena pelea. Sin embargo, buscamos maneras de minimizar la cantidad de conflicto. Y eso es exactamente lo que este capítulo está dedicado a hacer. No solo vamos a explorar el motivo por el que estos cinco problemas son un polvorín en la mayoría de matrimonios, sino que también vamos a darles las mejores herramientas demostradas para ayudarles a enfriar estos temas calientes. Vamos adelante.

> Nunca permita que un problema que resolver se vuelva más importante que una persona que amar.
> BARBARA JOHNSON

PELEAS POR DINERO

Escenario 1: Su cónyuge acaba de comprar una nueva televisión panorámica gigante, sin hablar antes de la compra, y le está gritando a usted por haber gastado demasiado dinero en un par de zapatos.

Escenario 2: Su cónyuge y usted no están de acuerdo sobre cuánto ahorrar para la jubilación. Usted quiere gastar dinero ahora y disfrutar de la vida. Su cónyuge quiere ahorrar todo lo posible.

Escenario 3: Su iglesia anunció una importante campaña de recaudación de dinero para cavar pozos en Uganda. El pastor le pide a cada miembro que haga un donativo por encima de lo que normalmente da. A usted le suena demasiado bueno. Pero no le suena tan bien a su cónyuge.

La mayoría de las parejas se enfrentan a numerosos problemas como estos regularmente, y cualquiera puede iniciar un conflicto financiero. Según una encuesta de AICPA en el *Wall Street Journal*, numerosos estudios reportan que las parejas se pelean más por finanzas que por cualquier otro problema. El sondeo reveló las siguientes estadísticas:

- En promedio, las parejas se pelean por dinero al menos tres veces por mes. Eso le hizo ser el tema más volátil, por delante de discusiones sobre los hijos, las tareas, el trabajo o los amigos.

- A medida que las parejas envejecen, por lo general discuten con más frecuencia por dinero.

- La causa más común para discutir por dinero (58 por ciento) se centraba en opiniones diferentes en cuanto a necesidades y deseos.

- El 49 por ciento de las parejas discuten por gastos inesperados, y el 32 por ciento discuten por ahorros insuficientes.

- El 30 por ciento de los adultos que están casados han participado al menos en una conducta engañosa relacionada con sus finanzas (como ocultar compras).

- Pero a pesar de todo el conflicto acerca de dinero, el 55 por ciento de las parejas dijeron que no apartan un tiempo regularmente para hablar sobre problemas económicos.[2]

Otro estudio a 2.800 parejas realizado por el National Survey of Families y Households descubrió que las disputas financieras son un fuerte pronosticador de la estabilidad de una pareja.[3] Incluso más revelador, las parejas que reportan estar en desacuerdo sobre asuntos de dinero una vez por semana están por encima del 30 por ciento más de probabilidad de divorciarse que las parejas que reportan desacuerdos financieros pocas veces por mes.[4]

Si una pareja puede aprender a pelear una buena pelea sobre finanzas, ayudará enormemente a su matrimonio. Por lo tanto, ¿cuál es el secreto? Sin duda, pueden hacer lo obviamente básico: recortar el gasto excesivo, estar de acuerdo en un presupuesto, salir de la deuda, recortar sus tarjetas de crédito, siempre hablar sobre importantes compras y desarrollar un plan de ahorros. Todas ellas son acciones sabias, pero sugerimos que profundicen.

Cómo abreviar sus conflictos por el dinero

Lo crean o no, las peleas por dinero entre parejas en raras ocasiones se tratan de dinero. Cuanto antes entiendan esto, antes las vencerán. El dinero representa poder, seguridad, valores y sueños. Casi cada conflicto financiero que se produce puede remontarse a un temor relacionado con uno de estos importantes asuntos.

En el escenario 1, la pelea entre el cónyuge que compró un televisor y el que compró un par de zapatos caro no se trataba realmente de lo mucho que habían gastado. Se trataba de quién tenía poder;

> El dinero no habla, blasfema obscenidad.
> BOB DYLAN

quién lo tenía y quién podría amenazar ese poder. Siempre que una persona controla los hilos del monedero, es un juego de poderes. Ese cónyuge está a cargo de algo más que tan solo dinero. Él o ella trata al otro como un niño y el conflicto es inevitable.

En el escenario 2, la pareja enfrentada por cuánto ahorrar para la jubilación no peleaba realmente sobre ahorrar o gastar. Se trataba de la seguridad. Una de las partes, la ahorradora, tiene más ansiedad que la otra acerca de su bienestar futuro. Y cuando la otra gasta dinero que debería ir hacia esa seguridad, aumenta la ansiedad, e igualmente la probabilidad de conflicto.

La pelea en el escenario 3 no era por dinero para pozos en Uganda. Se trataba de valores que representan generosidad y asuntos espirituales incluso más personales. Cuando una persona en un matrimonio se resiste al deseo del otro de dar hacia una causa, habrá conflicto.

El punto es que las peleas financieras en raras ocasiones se tratan de dinero. Se tratan de asuntos que son mucho más importantes. ¡No es extraño que el dinero esté en lo alto de la lista como el tema por el que más se pelean las parejas! Veamos lo que representa: poder, seguridad, valores y sueños.

Por lo tanto, si busca minimizar un conflicto por dinero, recomendamos que lo remonte al temor que lo está alimentando. En lugar de pelearse sobre la cantidad de dinero que se gastó en quién sabe qué, cambien el enfoque hacia lo que realmente importa: (1) su temor a no tener influencia en asuntos importantes que afectan a su vida, (2) su temor a no tener seguridad en su futuro, (3) su temor a que no se muestre respeto alguno por sus valores, o (4) su temor a no conseguir cumplir sus sueños.

Al mantener la conversación enfocada en estos asuntos más profundos, es más probable que lleguen al núcleo de una buena pelea a la vista. Los asuntos de dinero sacan a relucir nuestros lados egoístas. Hacen que juguemos al juego de la culpa y mostremos falta de respeto. Pero cuando surge el *verdadero* problema, tiene una manera de ayudar a ambas partes a cooperar, a apropiarse, a mostrar respeto y a practicar la empatía. ¿Por qué? Porque los problemas más profundos implican más vulnerabilidad. Y vulnerabilidad engendra vulnerabilidad. Mantiene la conversación enfocada en lo que más importa para los dos.

PELEAS POR SEXO

¿Han sentido la inquietante sospecha de que en los dormitorios en todo el país, en mesas de la cocina y en otros lugares demasiado chispeantes para mencionarlos, parejas casadas están teniendo más y mejor sexo que ustedes dos? No están solos. Es difícil imaginar una cultura que conduzca más a sentimientos de ineptitud sexual. El sexo está en todas partes, desde luego. Está en películas, programas de televisión, videos musicales y anuncios. La saturación sexual de nuestro mundo conduce a muchas parejas a pensar que hay algo equivocado en su vida sexual. Y actualmente la insatisfacción sexual aparentemente puede ser monetizada.

Un reciente artículo en la revista *Time* decía: "Hombre francés forzado a pagar a exesposa un acuerdo por falta de sexo".[5] Al citar "falta de actividad en el dormitorio", el tribunal concedió una recompensa de casi catorce mil dólares a la exesposa de 47 años de edad cuyas necesidades aparentemente no fueron satisfechas en sus 21 años de matrimonio.

> El sexo es una conversación realizada por otros medios. Si se llevan bien fuera de la cama, la mitad de los problemas de cama quedan resueltos.
> PETER USTINOV

Sexo. Según casi todos los estudios sobre el tema, está en lo más alto de los problemas que causan a las parejas consternación y conflicto. ¿Por qué? Porque nuestra cultura nos sumerge en una expectativa que dice que si fuéramos como otras parejas normales, estaríamos moviendo la cama debido al sexo todo el tiempo. Desde luego, el asunto de la frecuencia es cuestión de percepción. En la película *Annie Hall*, Woody Allen y Diane Keaton se ven en la pantalla dividida mientras cada uno de ellos habla con un analista acerca de su relación sexual. Cuando el analista pregunta con cuánta frecuencia tienen sexo, él responde: "Casi nunca, quizá tres veces por semana", mientras que ella lo describe como: "Constantemente, tres veces por semana".

La frecuencia parece ser el punto crucial del conflicto para las parejas casadas. La mayoría no se pelean por cosas excéntricas. Cuando se les pidió que valorasen sus actos sexuales favoritos, casi todo el mundo (96 %) encontraba el sexo vaginal "muy o en cierto modo atractivo". El sexo oral estaba en un distante tercer puesto, después de una actividad que muchos puede que no se hayan dado cuenta de que era un acto sexual: "Ver desnudarse a su pareja".[6]

La frecuencia es un problema relativamente fácil de resolver, y bien vale la pena el esfuerzo. Según el Pew Research Center, los adultos clasifican una "relación sexual feliz" como el segundo factor más importante para hacer que un matrimonio funcione, por detrás de la "fidelidad". Por lo tanto, veamos lo que podemos hacer para reducir los conflictos sexuales y mantener en sincronía sus libidos.

Cómo minimizar las peleas por sexo

Sabemos por la investigación que las vidas sexuales de las parejas encajan en tres grupos. Una tercera parte tiene sexo dos veces por semana o más, una tercera parte algunas veces por mes, y una tercera parte algunas veces al año o nada en absoluto. Si ustedes están en el primer grupo, la tercera parte que tiene sexo dos veces por semana, y especialmente si no están recién casados, cuenten sus bendiciones y pasen a la siguiente sección de este capítulo. Para el resto de nosotros, tenemos una sugerencia.

> La mejor posición no es sustituto de una relación saludable.
> KEVIN LEMAN

Para mantener al mínimo las quejas sexuales y en movimiento la cama matrimonial, recomendamos enfocarse en resolver el problema de "fracaso de coordinación".

Es un problema común en los matrimonios. De hecho, la razón número uno por la que las personas reportan no tener sexo en su matrimonio es "Demasiado cansado" seguido de cerca por "No tener ánimo". La mayor parte del tiempo, eso es un código, lo sepan o no, de tener libidos que no están a la par. En otras palabras, el problema de la frecuencia es el resultado de un fallo de coordinación.

En un mundo perfecto, usted y su cónyuge tendrían libidos impecablemente coordinados todo el tiempo; pero sabemos que ese no va a ser nunca el caso. No puede usted esperar que el impulso sexual de su pareja esté siempre a la par del propio. Pero si se sienten fuera de sincronía, queremos ayudarles a coordinarse mejor.

Primero, tienen que librarse de la común interpretación errónea de que su cónyuge no quiere sexo tanto como lo quiere usted. Si eso es lo que deciden creer, descubrirán lo que están buscando. Una de las mejores maneras de igualar la balanza del deseo sexual es poner fin a los comentarios sarcásticos o insinuaciones que destacan una diferencia de libido percibida. Cada vez que usted dice algo, incluso en un susurro, como: "Bueno, si hubiéramos tenido sexo…", está creando una brecha sexual entre ustedes. Fije su mente en ver a su cónyuge en el mismo lado que usted. Esta es la C de una buena pelea: una actitud de *cooperación*.

A continuación, hablen de sus impulsos sexuales. Al escribir esto, casi podemos sentirles que se encogen. Para la mayoría de parejas, hablar de sexo de esta manera es casi tan cómodo como dormir en un auto. Sin embargo, es críticamente importante para conseguir que sus libidos estén alineadas y minimizar los conflictos. Cuando el momento sea el correcto, cuando ambos estén relativamente relajados y no distraídos, pidan el uno al otro que explique cuándo se siente más juguetón. Sus respuestas puede que les sorprendan. Tengo un amigo que me dijo recientemente que había descubierto que su esposa le encontraba más sexy cuando se vestía con traje. Él bromeaba con que estaba pensando en ponérselo para irse a la cama. Lo fundamental es que necesitan saber tanto como puedan acerca de los deseos sexuales del otro. Pregunte a su cónyuge acerca del momento del día, al igual que el tiempo del mes, en que está más inclinado a querer tener sexo. Pregunte qué lo haría más fácil, más deseable o más divertido

Asegúrense de que esa parte de estas conversaciones incluya el modo en que ambos inician el sexo. Una de las cosas que escuchamos de algunas personas que están en consejería para parejas debido a este problema es que no les gusta ser quienes inician el sexo. Si está casado con alguien así, sin duda habrá atribuido la timidez en esta área a una falta de libido. Eso es un error. En cambio, haga que sea más fácil para él o ella iniciar el sexo con usted. Encuentre una señal o un signo que haga que esto se produzca casi sin esfuerzo. Por ejemplo, puede ser que haya una vela que pudieran encender, o una canción en particular que pudieran escuchar, o una mirada que pudiera producirse y que sería su señal de que les gustaría tener sexo. Ya se hacen una idea. Por lo tanto, no desperdicien tiempo. Hablen sobre lo que podrían utilizar para que sea más fácil el inicio.

Ahora bien, antes de dejar este tema, permítanme (Les) que diga unas palabras, o quizá un párrafo, para nuestros lectores varones. Es un pequeño consejo que di por primera vez en mi libro *Crazy Good Sex*. Digamos que para disfrutar realmente del sexo necesita tener un ánimo en particular. Necesita sentirse completamente seguro y comprendido por su esposa; y esto necesita comenzar mucho antes de que ni siquiera pensara en meterse en la cama. Y para excitarse sexualmente necesita cierto tiempo de calentamiento que podría comenzar con varios minutos de tiernas caricias intercaladas con algo de charla. Las luces tienen que estar bajas, necesita considerar lo que lleva puesto, y necesita algún tiempo para cepillarse los dientes y prepararse físicamente. Difícil de imaginar, ¿verdad? Pero estoy seguro de que entienden lo que quiero decir. Por si no es el caso, lo aclararé: lo que acabo de describir es exactamente lo que la mayoría de esposas necesitan. Si quiere que su esposa sea más clara con sus deseos sexuales, tiene que hacer su parte a la hora de ayudarla a que le encanten sus sesiones de hacer el amor. Un poco de *empatía* (la E de una buena pelea) puede hacer mucho para que usted aminore un poco el paso y prepara el escenario para un sexo apasionado que a ella le haga sentir estupendamente.

PELEAS POR TRABAJO

Estábamos hablando a un grupo grande de parejas profesionales en un crucero por Alaska hace algunos años. Nuestro tema: "Ganar en el trabajo sin perder en el amor". Inmediatamente después de nuestra sesión, los dos fundadores de los teléfonos inteligentes Blackberry fueron presentados para hablar acerca de su empresa. La respuesta fue asombrosa. En medio de los aplausos hubo abucheos desde todos los rincones. Aparentemente, muchos de los cónyuges no agradecían el modo en que los aparatos portátiles, tan útiles en los negocios, habían alejado a su cónyuge de su matrimonio.

El desequilibrio entre trabajo y matrimonio es el catalizador de mucho conflicto entre las parejas. Es probable que uno o ambos de ustedes coma, beba y respire trabajo. Siempre están hablando y pensando en ello, incluso en vacaciones. Su cónyuge es mucho más importante que su carrera, pero no siempre su pareja tiene ese sentimiento.

> Una carrera es algo maravilloso, pero uno no se puede abrazar a ella en la noche.
> MARILYN MONROE

¿Por qué el trabajo se convierte en un problema? Para comenzar, se emplea más tiempo y energía en el trabajo que en ninguna otra actividad cuando estamos despiertos. El 68 por ciento de nosotros pasamos más de nueve horas cada día en el trabajo, incluido el llegar y regresar del trabajo. Más de uno de cada cinco de todos los adultos empleados se llevan el trabajo a casa al menos dos veces por semana.

Nos quejamos del trabajo. Puede que a veces intentemos evitarlo. Decimos que estamos hartos de ello. Pero la verdad es que necesitamos trabajo con propósito, no solo por el dinero, sino por un sentimiento de valía personal. El trabajo proporciona apoyo espiritual, psicológico y emocional. Sigmund Freud dijo que para vivir bien debemos aprender a amar bien y a trabajar bien. El poeta Kahlil Gibran dijo: "Trabajo es amor hecho visible". Para la mayoría de nosotros el trabajo, ya sea remunerado o no, nos da identidad.

Humoristas gráficos y cuenta cuentos suponen que la mayoría de las personas que se esfuerzan para obtener su pan diario fantasean con ganar la lotería. Con sus puños ganadores cerrados, pueden decirle al jefe lo que puede hacer con su antiguo empleo, darle una patada a la máquina Xerox, llevarse su computadora portátil e irse de viaje. Pero esta suposición pinta una imagen falsa. En una encuesta nacional, más de tres cuartas partes de quienes respondieron decían que escogerían quedarse en el mismo trabajo aunque hubieran recibido, por la buena fortuna, suficiente dinero para vivir cómodamente durante el resto de su vida.[7]

Quizá se esté preguntando lo que harían en realidad si ganasen la lotería. El Instituto de Estudios Socioeconómicos en White Plains, Nueva York, se preguntó lo mismo. Examinaron a más de mil personas que habían ganado un millón de dólares o más en una lotería. Solamente el 16 por ciento había dejado por completo el trabajo. Y cuatro de cada diez siguieron trabajando en el mismo empleo que tenían aunque no tenían necesidad alguna de esos ingresos.

Es natural ver la obsesión que tiene su esposo con el trabajo como cierto tipo de amenaza para su matrimonio. Pero si se recuerda a usted mismo con cuánta fuerza su carrera está vinculada a su sentimiento de identidad y valía propia, puede que le ayude a ponerlo en perspectiva. Pero tenemos una sugerencia más práctica y demostrada para ayudarles a equilibrar la balanza entre matrimonio y trabajo, y a minimizar sus lamentos por el trabajo.

Cómo refrenar sus conflictos por la carrera

Tenemos dos palabras para ustedes: cita nocturna. Lo sabemos. Han oído eso mil veces: tengan una cita nocturna o su matrimonio sufrirá. Suena más a amenaza que a un consejo amigable, ¿verdad? Pero es una manera segura de mantener el conflicto por la carrera en mínimos.

A pesar de este frecuente consejo, parece que no se está entendiendo el mensaje. Esta es la descripción de personas casadas, de edades entre 25 y 50, con dos o más hijos, cuando se trata de la frecuencia con que tienen una cita nocturna:

- **Una vez por semana: 4 por ciento**
- **Una vez al mes: 21 por ciento**
- **Una vez cada 2-3 meses: 21 por ciento**
- **Una vez cada 4-6 meses: 18 por ciento**
- **Una vez cada 7 meses o con menos frecuencia: 36 por ciento[8]**

¡Vaya! Podemos mejorar en eso; y hay una buena razón para hacerlo. El National Marriage Project de la Universidad de Virginia recientemente publicó un informe titulado "La oportunidad de la cita nocturna". Este estudio descubrió que esposos y esposas que apartan deliberadamente tiempo para conectar y divertirse al menos una vez por semana tenían aproximadamente 3,5 veces más probabilidades de reportar ser "muy felices" en su matrimonio. Cuando el investigador de la Universidad de Minnesota David Olson entrevistó a más de diez mil parejas casadas, descubrió que estar juntos era una prioridad máxima para el 97 por ciento de las parejas felices pero solamente para el 28 por ciento de las parejas infelices.

Los hechos están claros: las parejas más felices tienen el hábito de tener una cita nocturna. Eso resetea la balanza desequilibrada de un matrimonio que se ha desequilibrado debido a demasiado trabajo.

> Cuanto más envejezco, menos tiempo tengo para pasarlo con la parte de la raza humana que no se casó conmigo.
> ROBERT BRAULT

¿Cómo realizan citas en el matrimonio? En primer lugar, encuentren actividades que ambos puedan desear. Si a uno de ustedes le gustan los deportes y al otro el arte, no hagan que su cita nocturna sea un tira y afloja entre estadios y museos. Encuentren algo que les emocione a los dos. Las parejas que tienen citas que ambos disfrutan, tienen menos peleas. Eso se debe a que si están teniendo un problema, usted puede pensar para sí: "Esta es la misma persona con la que lo pasé fenomenal la noche del sábado". Estará más motivado a solucionarlo.

Aún mejor, hagan algo que ninguno de los dos haya probado antes. ¿Recuerdan cuando estaban saliendo por primera vez? *Cada* cita era emocionante. ¿Por qué? Porque era nueva. Toda la experiencia de explorar mutuamente sus personalidades era emocionante. Avancemos unos cuantos años y surge una imagen diferente. Se conocen bien el uno al otro y la vida se ha vuelto mucho más rutinaria: los mismos restaurantes, las mismas conversaciones. Aunque la familiaridad puede ser consoladora, también puede inducir un sentimiento de aburrimiento. Pero ¿y si hicieran algo nuevo de vez en cuando en alguna de sus citas nocturnas? ¿Acaso no haría "regresar ese sentimiento de amor"?

El investigador Arther Aron de la Universidad Estatal de Nueva York en Stony Brook, puso a prueba esta pregunta.[9] Reclutó a parejas y produjo un rollo de cinta Velcro, explicando que iban a tomar parte en un juego. Las parejas que se emocionaban eran situadas en otro grupo. Para asegurar la precisión del resultado del estudio, él quería que participaran parejas a quienes no les gustasen mucho los juegos. Lo ayudantes de Aron usaron Velcro para atar la muñeca derecha de una persona junto con la muñeca izquierda de su pareja. Hicieron lo mismo con sus tobillos.

> La ocupación es la base necesaria de todo disfrute.
> LEIGH HUNT

Después de resistir la tentación de canturrear el "Stuck on You" de Lionel Richie, los investigadores cubrieron el piso con almohadillas y pusieron un gran obstáculo de espuma en medio de la habitación. Entregaron a cada pareja una almohada grande y les indicaron que la sostuvieran entre ellos mientras iban a gatas hasta el obstáculo, lo sobrepasaban y después regresaban a gatas hasta el punto de comienzo. A las parejas que habían sido descartadas se les pidió algo mucho más normal, como rodar un balón hasta un punto designado mientras que a su pareja se le pedía que observara desde la banda.

El experimento estaba pensado para ver si al hacer algo divertido e inusual, ellos podían crear sentimientos similares a cuando la pareja se conoció por primera vez y sus citas eran más emocionantes. Hacia ese fin, las parejas en ambos grupos completaron varios cuestionarios, evaluando, por ejemplo, el grado hasta el cual su cónyuge les hacía "sentir un hormigueo" y "rebosar de felicidad". Tal como estaba previsto, las parejas que habían conquistado el gigantesco obstáculo de espuma eran mucho más amorosas el uno hacia el otro que quienes habían completado la tarea de hacer rodar el balón. Tan solo unos minutos de una nueva y divertida actividad conjunta pareció haber obrado maravillas. Las parejas Velcro hicieron comentarios significativamente más positivos acerca de sus cónyuges que quienes rodaron el balón.

¿El punto? No permitan que sus citas nocturnas sean la misma actividad predecible cada semana. Claro que una película y salir a cenar es estupendo. Tan solo cambien las cosas de vez en cuando. También, no pasen por alto los tiempos en casa sin niños. En lugar de ver la televisión o ponerse al día del correo, utilicen ese tiempo para salir al patio y mirar las estrellas. O aprovechen el cambio natural en el patrón de sueño de sus hijos adolescentes (despertarse más tarde) para disfrutar de una cita el sábado en la mañana mientras sus hijos siguen durmiendo hasta mediodía. La idea es aprovechar pequeñas citas cuando sea posible. Ellos no siempre requieren planes de antemano y que alguien les cuide. Encajar una cita semanal es la mejor manera de evitar conflictos por la profesión.

PELEAS POR LA EDUCACIÓN DE LOS HIJOS

Cuando nace un bebé, comienza un compromiso inmenso. Los expertos calculan que pasarán 157.250 horas educando ese niño.[10] Un reciente sondeo de Pew Research preguntó a 770 padres por qué habían decidido tener hijos. De los entrevistados:

- **El 76 por ciento dijeron que fue por la alegría de los niños**
- **El 50 por ciento dijeron que fue para aplacar los deseos de su cónyuge**
- **El 47 por ciento dijeron que fue porque tenían recursos económicos adecuados**
- **El 35 por ciento dijeron "tan solo sucedió"**
- **El 15 por ciento dijeron que fue porque querían tener "alguien que cuide de mí cuando sea viejo"**
- **El 4 por ciento dijeron que fue debido a la presión familiar[11]**

Es bueno saber que la mayoría de padres reconocen y están motivados por el gran gozo de tener hijos, pero independientemente de los motivos, llegar a ser padres sin duda conduce al conflicto en cada pareja. No es extraño que la revista *Newsweek* decretara la educación de los hijos como "el trabajo más difícil que le encantará". O más preocupante es que el National Marriage Project en la Universidad Rutgers llegase a la escalofriante conclusión de que "los hijos parecen ser un creciente impedimento para la felicidad de los matrimonios".[12]

Esposos y esposas no están de acuerdo en la educación en innumerables aspectos. Puede que se acusen el uno al otro de ser demasiado estricto o demasiado laxo, de no participar lo suficiente con los hijos o de participar demasiado. Algunas parejas discuten por sentirse menospreciados por la otra parte cuando establecen límites a los niños. Algunos sienten que el otro está compitiendo por el amor de los hijos.

Si ambos están invirtiendo profundamente en el modo en que sus hijos son educados, van a pelearse por cosas como tiempos para

pensar, juguetes, horas de llegar a casa, estilos de peinado, elección de
la ropa, y la mejor manera de hacer sudar a la primera cita de su hija.
Pero eso está bien; significa que los dos están dedicados a la misma
meta. Lograr juntos esa meta es donde se produce la fricción.

Jim y Cassidy, casados durante catorce años, tenían la misma
disputa diariamente: se peleaban por cómo conseguir que sus tres
hijos salieran por la puerta. Primero, habían discutido sobre cómo
despertar a los niños. Jim sentía que ellos deberían aprender respon-
sablemente poniendo sus propios despertadores; Cassidy insistía en
despertar ella misma a cada niño.

Entonces llegó la
batalla por el desayu-
no: Jim pensaba que
agarrar una fruta para
comer de camino a la
escuela estaba bien;
Cassidy quería que se
sentaran a desayunar.
Inquietos por las riñas

> Observar a personas en conflicto
> es una parte necesaria de
> la educación de un niño. Le
> ayuda a entender y aceptar sus
> propias hostilidades ocasionales
> y a entender que opiniones
> diferentes no necesariamente
> implican ausencia de amor.
> MILTON R. SAPIRSTEIN

de sus padres, los niños, dos muchachas de doce y diez años y un
muchacho de ocho, creaban distracciones, se negaban a escuchar, se
entretenían, y casi siempre perdían el autobús escolar. Entonces Jim
gritaba que ellos tenían que entender las consecuencias y deberían ir
andando. Cassidy pasaba por alto lo que él decía y llevaba a los niños
en el auto para que no llegasen tarde a clase. Lo que podría haber
sido tan solo un conjunto normal y corriente de complicaciones en
otros hogares se convirtió en un conflicto obstinado que condujo a
innumerables malas peleas.

Cómo minimizar los combates por la educación de los hijos

La solución para casi todos los conflictos sobre educación se encuentra en situarse en la misma página y presentar un frente unido. De

otro modo, sus hijos les pondrán el uno en contra del otro y solamente añadirán leña al fuego de la educación. El conflicto disminuye a medida que aumenta el trabajo en equipo. Sin duda, no es fácil estar de acuerdo con su cónyuge sobre las normas y las reglas que ambos estarán dispuestos a poner en práctica con sus hijos. Por eso lo primero que hay que hacer es limar las diferencias en privado. Este fue un error fatal que cometieron Jim y Cassidy. Ellos intentaban resolver sus peleas en cuanto a educación en el momento, mientras los niños disfrutaban del espectáculo. El momento para presentar sus puntos racionales y negociables es cuando están los dos a solas; y cuando lleguen a un acuerdo, cíñanse a lo acordado. No hay lugar para el "ya te lo dije" cuando se presenta un frente unido.

> La manera más rápida en que un padre puede captar la atención de un hijo es sentarse y parecer cómodo.
> **LANE OLINGHOUSE**

Si no pueden encontrar un compromiso que funcione, es momento de probar el hacer turnos. Esta es una manera sencilla y notable de resolver los conflictos tercos y repetitivos acerca de la educación. Simplemente permita que su cónyuge esté temporalmente a cargo de manejar el asunto en cuestión de cualquier manera que vea apropiada. La tarea del otro cónyuge es observar sin comentar negativamente, comunicar un espíritu de unidad y dejar la discusión para la siguiente reunión. Las parejas que prueben esto durante dos semanas, con una de las partes haciéndose cargo durante la primera semana y la otra en la segunda, verán una marcada diferencia.

Así podría funcionar para Jim y Cassidy. Durante la primera semana Jim decide cómo despertar a los niños, qué comer para desayunar y qué hacer si pierden el autobús. Cassidy se muerde la lengua y comunica tanto apoyo como pueda. Ella tiene su turno la segunda semana mientras Jim la apoya. ¿El resultado? Los niños se despiertan a un día sin riñas. Intentarán hacer que sus padres se peleen, pero eso no funcionará. Lo más probable es que Jim y Cassidy verán lo bueno y lo malo de cada uno de sus enfoques y entonces tendrán la oportunidad de unir lo mejor de ambos enfoques en la tercera semana. El experimento de hacer turnos rompe el punto muerto y limpia el aire para un nuevo comienzo en el que mamá y papá están en el mismo equipo.

Si se preguntan qué tipo de efecto tendrá en los niños estos frecuentes cambios de procedimiento, una mejor pregunta es: ¿cuál será el efecto en ellos si no se hace nada? Ellos ya viven con el confuso caos de la autoridad parental dividida. Esas tres semanas de cambio de reglas apenas pueden hacerles más daño y, de hecho, terminarán haciéndoles un gran bien. Cuando vean a sus padres unidos en un patrón regularmente establecido, eso aumentará mucho el orden y la seguridad en su mundo.

Tenemos una sugerencia más para los padres exhaustos. Es algo que nosotros instituimos en nuestro matrimonio poco después de que naciera nuestro primer hijo, y seguimos poniéndolo en práctica todos estos años después. Lo llamamos comprobación diaria. Es algo que los grandes negocios han empleado durante décadas para mantener a sus trabajadores contentos, productivos e involucrados: tener regularmente reuniones de equipo. Afortunadamente, las de ustedes serán más divertidas que escuchar a quien se ocupa de la contabilidad hablar de las cifras de ventas del último mes. Una versión de este ejercicio se denomina "alto/bajo". En algún momento en la noche sencillamente comprueban las cosas diciéndose el uno al otro cuál ha sido el momento más alto y más bajo del día. Eso es todo. Tan solo un par de minutos lo logra. A pesar de lo rápido y fácil que es, compartir esa pequeña información les mantiene a los dos actualizados y en el mismo equipo.

PELEAR POR LAS TAREAS DEL HOGAR

Cuando las mujeres comenzaron a entrar en la fuerza laboral en grandes números en la década de 1970, parecía lógico que algún día esposos y esposas se dividieran el ganar dinero y ocuparse del hogar en una proporción del 50-50. Resulta que esa suposición era un poco ingenua. Las normas de género para quién hace qué dentro del hogar están más profundamente enraizadas de lo que los sociólogos creían.

Que las mujeres se unieran a la fuerza laboral planteó un nuevo desafío: hacer que sus esposos colaborasen en el trabajo de la casa. Eso a veces conducía a peleas. No; eso casi siempre conducía a peleas. Las mujeres que tenían cónyuges que ponían el lavavajillas en la noche y lo vaciaban en la mañana sin que se lo pidieran eran consideradas afortunadas excepciones. El hombre que recogía la mesa dejando los platos en el fregadero y después alejándose constituía más la norma. Esa infeliz norma conducía a que muchas mujeres pidieran, rogaran, e incluso gritasen solicitando un poco más de ayuda en la casa.

Esposos y esposas nunca antes han tenido cargas de trabajo tan similares como las que tienen hoy día; sin embargo, esposos y esposas que lo dividen todo por la mitad cuando se trata de las tareas del hogar son difíciles de encontrar, como una gran ballena blanca. Los sondeos muestran que el 73 por ciento de las mujeres dicen que realizan más del 50 por ciento de las tareas del hogar. Cuando se les pregunta acerca de su motivación para hacer más de lo que les correspondería, la razón más comúnmente citada por las mujeres es: "Si yo no lo hago, nadie lo hará".

¿Es preciso este complejo de mártir? ¿Realmente dejan solas a sus esposas los esposos en el área del hogar en estos tiempos? Un reciente estudio publicado en el *Journal of Family Psychology*, siguió a treinta parejas en las que los dos cónyuges trabajaban fuera del hogar. Las parejas tenían todas ellas al menos un hijo entre los 8 y 10 años de edad. Los autores descubrieron que aproximadamente el 30 por ciento de las mujeres pasaban su tiempo después del trabajo haciendo tareas, comparado con el 20 por ciento de los hombres. Un 19 por ciento de los hombres participaban en actividades de ocio después del trabajo, comparado con solamente el 11 por ciento de las mujeres.[13] No hay duda al respecto: más mujeres casadas que hombres casados tienden a realizar un segundo turno en casa.

Una razón de la desigualdad entre esposo-esposa en las tareas del hogar ocurre debido a lo que denominamos el "nivel de umbral". En casi todos los matrimonios, una de las partes tendrá un mayor umbral de tolerancia por el trabajo no hecho que la otra parte. La persona con la menor tolerancia hace más del trabajo porque no puede soportar ver la basura llena, el piso sin barrer, o el montón de platos en el fregadero. El cónyuge con el mayor umbral de desorden puede que ni siquiera note esas tareas sin hacer hasta que alguien lo señala.

En el pasado, un alto umbral en el hombre importaba poco, porque las esposas que no trabajaban fuera del hogar se ocupaban de esas cosas mientras el esposo estaba en el trabajo. Pero ahora las cosas son diferentes. Nunca antes los hombres casados habían tenido tanta responsabilidad doméstica con tan pocos modelos a seguir.

Estos nuevos descubrimientos revelan que la extendida creencia en que las madres trabajadoras se llevan la peor parte, una creencia que engendra una enorme cantidad de conflicto entre cónyuges, simplemente no es el caso abierto y cerrado que anteriormente era. Mucha investigación muestra que los hombres ciertamente *quieren* ser útiles en la casa. Una encuesta nacional a 963 padres realizada por el Center for Work and Family de la Universidad de Boston descubrió que el 57 por ciento de los

> El amor es lo que capacita a una mujer para cantar mientras barre el piso después de que su esposo lo haya cruzado con las botas del granero puestas.
> **HOOSIER FARMER**

hombres estaban de acuerdo con la frase: "En los últimos tres meses no he podido terminar todo en casa cada día debido a mi trabajo". Las responsabilidades en el trabajo a menudo aumentan las horas de los hombres, haciendo prácticamente imposible equiparar las responsabilidades de mantener un hogar. Lo fundamental es que nadie está diciendo que las guerras por las tareas domésticas entre parejas sean fáciles. Incluso si las dos partes no trabajan a jornada completa fuera de casa, la tensión en torno a las tareas del hogar puede palparse.

Cómo declarar una tregua en cuanto a las guerras domésticas

Entonces ¿qué ha de hacer una pareja? ¿Cómo podemos mantener el conflicto en mínimos cuando se trata de las tareas del hogar? La respuesta, por irónica que pueda parecer, puede encontrarse en la fuerza laboral. Lo denominan "división del trabajo". Un esposo y una esposa, al igual que dos departamentos de una empresa, aportan bienes, capacidades e intereses. Al ver qué persona tiene la ventaja comparativa en un rango de tareas, desde lavar los platos hasta sacar al perro, una pareja puede decidir quién debería especializarse en qué. Esto elimina la falacia del 50/50.

Seamos sinceros: la mayoría de problemas en el hogar se pelean entre las parejas en las que una persona mantiene la cuenta. Eso es inevitablemente una mala idea. La balanza del matrimonio siempre fluctúa, y solamente se estarán preparando para los problemas si han instalado una pizarra figurada en su matrimonio. Utilizar el enfoque de la división del trabajo elimina todo eso.

> La solución obvia y justa para el problema de las tareas domésticas es permitir que los hombres hagan el trabajo doméstico durante, digamos, los siguientes seis mil años, para equilibrar las cosas.
> **DAVE BARRY**

Trina, por ejemplo, es mejor y más rápida que Dan, su esposo, a la hora de lavar los platos y recoger las cosas en la casa. De hecho, puede hacerlo en casi la mitad del tiempo que él necesitaría. Dado este hecho, ¿tiene sentido que Dan haga cualquiera de esas tareas? En realidad no.

Lo que tiene sentido es que Dan cambie el agua a su mascota y prepare el cuarto de sus hijos para cuando se vayan a la cama. Él también es más rápido en organizar y llevar la cuenta de sus finanzas. Lo hace en la mitad de tiempo que Trina necesitaría. También se le da bastante bien planchar sus propias camisas.

Ya se hacen idea. Es sencillo. Dejen de intentar dividir las tareas de la casa por la mitad. El matrimonio no se vive mejor cuando los dos intentan equilibrar la balanza. En cambio, cada uno de los dos puede ocuparse de las tareas en las que tenga más ventaja. La ganancia colectiva al hacer lo que es especialidad de cada uno ayuda a los dos a reclamar momentos que se han estado perdiendo juntos y les ayuda a minimizar el conteo de víctimas en sus guerras personales por las tareas. Por lo tanto, hagan a un lado la calculadora, dejen de llevar la cuenta, y realicen un poco de "dar y tomar" basándose en lo que *realmente* funciona mejor en lugar de en lo que piensan que *debería* funcionar mejor.

Una cosa más. Si quieren asegurarse de que los conflictos por las tareas del hogar sean apagados antes de comenzar, prueben un poco de gratitud. ¿Por qué? Con el tiempo, la persona que completa una tarea se convierte en la experta en esa tarea y pronto es considerado como su trabajo. Es lo que se espera. Es entonces cuando la gratitud se seca y comienzan las riñas por las tareas del hogar. Los estudios demuestran que las parejas que se sienten apreciadas por su cónyuge tienen menos resentimiento por cualquier desequilibrio en el trabajo y más satisfacción con su matrimonio.[14] Por lo tanto, si son liberales con la gratitud por la contribución que hace su cónyuge en la casa, seguramente mantendrán el conflicto en mínimos.

TENGAN EN MENTE LO FUNDAMENTAL

Una pareja, casada durante sesenta años, había compartido todo a lo largo de su vida. Se amaban el uno al otro profundamente. No habían guardado ningún secreto el uno del otro, a excepción de una pequeña caja de zapatos que la esposa guardaba en el estanque superior de su armario. Cuando se casaron, ella puso allí la caja y pidió a su esposo que nunca mirase en el interior y nunca le hiciese preguntas acerca de su contenido.

Durante sesenta años el hombre honró la petición de su esposa. De hecho, se olvidó de la caja hasta un día en que su esposa se puso gravemente enferma, y los médicos estaban seguros de que no habría manera de que se recuperase. Por lo tanto, el hombre, al poner los asuntos de su esposa en orden, recordó esa caja que estaba en lo alto de su armario, la bajó y se la llevó al hospital. Le preguntó si quizá ahora podrían abrirla. Ella estuvo de acuerdo. Abrieron la caja, y en su interior había dos muñecas tejidas a ganchillo y un rollito de dinero que sumaba un total de 95 mil dólares. El hombre estaba asombrado.

—Cariño, ¿qué es todo esto? —preguntó el esposo.

—Antes de casarnos —confesó la esposa—, mi abuela me dijo que si ella y su esposo alguna vez empezaban a discutir, tenían que trabajar duro para reconciliarse, y si no eran capaces de reconciliarse, ella sencillamente mantenía cerrada la boca y hacía una muñeca de ganchillo.

> Ámense el uno al otro y serán felices. Es tan sencillo y tan difícil como eso.
> MICHAEL LEUNIG

El hombre quedó profundamente tocado. Estaba sorprendido de que durante más de 60 años de matrimonio, aparentemente ellos hubieran tenido solo dos conversaciones en las que fueron incapaces de reconciliarse porque había solamente dos muñecas de ganchillo en la caja. Sus ojos se llenaron de lágrimas, y se enamoró incluso más profundamente de esa mujer.

—Y esto ¿qué es? —preguntó, agarrando el rollito de dinero.

—Bueno, cada vez que yo hacía una muñeca de ganchillo —dijo su esposa—, la vendía a un artesano local por cinco dólares.

Todo el mundo encuentra su propia manera de manejar el conflicto. Hemos intentado darles un enfoque nuevo de los cinco lugares más comunes en que las parejas tienden a enredarse en la tensión: dinero, sexo, trabajo, educación de los hijos y tareas del hogar.

Estas estrategias están demostradas y son eficaces; pero no piensen por un momento que estas son las *únicas* maneras de minimizar los problemas que rodean a estos temas calientes. Quizá tejer muñecas de ganchillo no sea la respuesta para ustedes. Cuando tengan en mente los elementos fundamentales de una buena pelea, serán capaces de encontrar otros métodos eficaces que funcionen bien para ustedes.

PARA LA REFLEXIÓN

- De todos los asuntos comunes por los que se pelean las parejas, dinero, sexo, trabajo, educación de los hijos y tareas del hogar, ¿cuáles son los dos que encabezan su lista y con cuánta frecuencia surge cada uno de ellos?

- ¿Están de acuerdo en que la mayoría de peleas económicas no se tratan de finanzas sino más precisamente de poder, seguridad, valores y sueños? Piensen en su última pelea por dinero. ¿Por cuál de esos verdaderos problemas se produjo?

- ¿En qué tema caliente sienten que los dos son mejores a la hora de pelear? ¿Por qué? ¿De qué modo fortaleció su matrimonio el pelear por este tema en particular?

★ CAPÍTULO 9 ★
LA PELEA QUE PUEDE SALVAR SU MATRIMONIO

El matrimonio es nuestra última y mejor
oportunidad de crecer.
JOSEPH BARTH

EN LA COMEDIA ROMÁNTICA, *Just Married*, Tom Leezak, interpretado por Ashton Kutcher, es un reportero de radio de clase trabajadora cuando conoce a Sarah McNerney, la hija de un millonario, interpretada por Brittany Murphy. La inusual pareja se enamora y se casa.[1]

La pareja viaja a Europa para lo que resulta ser una terriblemente larga luna de miel. Tienen un accidente de tráfico en ruta a su hotel y se ven forzados a pasar la noche en el auto atascados en una tormenta de nieve. Cuando están en el hotel, les hacen salir cuando surge un incendio accidental en su habitación. Al no haber habitaciones en otros hoteles, la pareja se ve forzada a quedarse en una sucia pensión.

Las tensiones entre los dos aumentan. En Florencia, Sarah quiere visitar iglesias y museos, mientras que Tom se contenta con estar en un bar americano y ver el partido de los Dodgers en la televisión por satélite. Para empeorar aún más las cosas, aparece el exnovio de Sarah en Florencia en viaje de negocios e intenta pasar tiempo con ella.

La pareja regresa de su luna de miel rebosante de enojo y convencidos de que han cometido un terrible error al casarse, y los dos acuerdan que quieren el divorcio. La familia de Sarah se une en torno a su hija en su mansión mientras que Tim busca solaz de Kyle, su antiguo compañero de cuarto.

Convencido de que no tiene lo necesario para estar a la altura de las expectativas de la acomodada familia de Sarah (o las de ella), Tom le pide a Kyle que le lleve a la casa de su padre. La escena comienza con Tom sentado en el sillón al lado de su padre en la sala familiar. Él y su papá están viendo un partido de béisbol en televisión.

Su papá pregunta:

—¿Vas a decirme en qué estás pensando?

—No sé si el amor es suficiente —responde Tom sin mirar a su papá.

—¿Qué quieres decir con 'suficiente'? —pregunta su padre.

Quiero decir que incluso si Sarah y yo nos amamos, quizá necesitemos por más tiempo para llegar a conocernos—. Los ojos de Tom miran nerviosamente al piso.

El padre mira a su hijo con compasión y responde:

—Entonces lo que estás diciendo es que después de un par de días malos en Europa, ¿todo ha terminado? Es tiempo de crecer, Tommy. Algunos días tu mamá y yo nos amábamos el uno al otro. Otros días teníamos que trabajar en ello.

Se estira hasta la mesa del café y agarra un álbum de fotos de familia mientras continúa.

> Cuán valiente se vuelve uno cuando está seguro de ser amado.
> SIGMUND FREUD

—Nunca ves los días difíciles en un álbum de fotos, pero esos son los días que te llevan de una fotografía feliz la siguiente. Lamento que tu luna de miel fuese un desastre, pero eso es lo que tú viste. Ahora tienes que trabajar en ello. Sarah no necesita a un tipo con una cartera repleta de dinero para hacerla feliz. Vi cómo amas a esa muchacha, cómo los dos se avivan mutuamente. Ella no necesita más seguridad que esa.

Agradecido por el consejo de su papá, Tom mira hacia su padre y dice: "Gracias".

La escena se disuelve y pasa a una conversación entre Kyle y Tom. Su antiguo compañero de cuarto dice:

—¿Ha terminado?

—¡Ni se acerca a eso! —responde Tom.

El matrimonio, con el tiempo, está constituido por más días difíciles que los que ninguno de nosotros puede contar. Después de todo, nos enamoramos de un sueño y nos casamos con una fantasía. No podemos evitarlo. Nuestras esperanzas son muchas y nuestra perspectiva está en la cumbre del optimismo. Los fallos de nuestro cónyuge están enterrados profundamente en un segundo plano. Nuestros desafíos ni siquiera han sido registrados. Debido a que esta persona nos quiere y nosotros la queremos a ella, nos sentimos conectados y completados.

Pero finalmente, por lo general no en la luna de miel, las cosas comienzan a ir mal. La ilusión comienza a desvanecerse y comenzamos a ver cualidades en nuestro cónyuge que no habíamos visto antes. Incluso características que antes admirábamos comienzan a molestarnos. Sentimos que nuestro cónyuge no nos ama y no nos cuida como prometió. Y como ya no nos está dando lo que necesitamos, intentamos obligarle a que nos cuide mediante la crítica, la intimidación, la vergüenza, la retirada, el llanto, el enojo: cualquier cosa que funcione. Desde luego, él o ella hace lo mismo con nosotros. Comienza la lucha de poder y comienzan las disputas.

¿Por qué? La respuesta es con frecuencia más profunda de lo que podríamos pensar.

LAS APARIENCIAS PUEDEN SER ENGAÑOSAS

Alguien dijo una vez que cuando comienza la marcha nupcial, una novia ve tres cosas: el pasillo, el altar y a él; y desde ese momento su lema es: "Le cambiaré". Y cuando no funciona de ese modo, se produce desilusión, dificultad y conflicto.

La idea de cambiar al cónyuge después de la boda hace surgir muchas bromas para los cómicos, pero la verdad es que tenemos una esperanza más profunda. En lo más profundo de nosotros, queremos que el matrimonio nos cambie *a nosotros*. Queremos que cambie nuestra historia personal. A un nivel que con frecuencia no somos conscientes, queremos que nuestro matrimonio compense algo en nuestra vida que no siempre podemos ni siquiera identificar, pero que surge desde la niñez.

Como todo alumno de quinto grado que haya estudiado los icebergs puede decir, las apariencias pueden ser engañosas. Solamente vemos un poco de hielo en la superficie mientras que la parte más grande está por debajo. Podemos decir, por ejemplo, que las luchas por dinero son la fuente de nuestros conflictos, pero el verdadero problema, el problema mayor, con frecuencia es mucho más profundo.

> Nuestras heridas son con frecuencia las aperturas hacia la mejor y más hermosa parte de nosotros.
> **DAVID RICHO**

Si continuamente se están peleando por los platos sin lavar, dice el Dr. Harville Hendrix, autor de *Getting the Love You Want*, "no se trata de los platos. Existe una conexión simbólica que desencadena un sentimiento más profundo".[2] Según Hendrix, las discusiones intensas y recurrentes son un buen indicador de que una o ambas partes tienen dolor no resuelto de la niñez, como abandono, rechazo, asfixia, vergüenza o indefensión.

Pensemos de este modo. Cuando nos casamos, el dolor y las necesidades no satisfechas de la niñez se activan sutilmente, y creemos que hemos encontrado a la persona, cuando somos adultos, que nos ayudará a curar esas heridas de la niñez tan duraderas y que satisfará esas necesidades no satisfechas.

Desde luego, probablemente no seamos conscientes de reconocer eso; pero nos casamos con esa persona porque aportó un sentimiento de sanidad y bienestar a nuestra vida como ninguna otra a la que antes conocimos. Usted cree que esa persona va a compensar y a inculcar todo lo que le ha estado faltando. Sus dudas acerca de su competencia, sus temores acerca de ser asfixiado, sus preocupaciones en cuanto al abandono; todas ellas serán mejoradas debido a que se ha casado con una persona que hará que así sea. Esa es la esperanza inconsciente.

Pero cuando nuestro cónyuge nos decepciona al estar deprimido, ser crítico, no estar disponible, no ser confiable, ser descuidado, o cualquier cosa que causara nuestro dolor y sufrimiento cuando éramos jóvenes, eso nos afecta. Activa una alarma al recordarnos un momento de la niñez que parece similar a las experiencias dolorosas que tuvimos con un cuidador. Es como un luchador que tiene una costilla rota que no se ha curado. Si le golpeamos en un lugar en particular de su pecho, sentirá un dolor muy agudo.

Algunos de nosotros podemos identificar rápidamente nuestras heridas no curadas. Si su mamá o su papá era alcohólico o emocionalmente abusivo, por ejemplo, es probable que usted identifique rápidamente esa alarma. Pero incluso si proviene de un hogar estable y relativamente sano, tendrá problemas dolorosos que surgen desde la niñez. Nadie sale de la niñez sin ninguna herida. Independientemente de lo amorosos que fuesen sus padres o lo mucho que lo intentasen, no fueron perfectos. Invariablemente, no pudieron satisfacer algunas de sus necesidades esenciales, lo cual le dejó con una herida emocional. Nuestros padres invariablemente rechazaron algunos aspectos de nosotros, ya sea mediante la crítica ("No te comportes de ese modo"), o la falta de atención (ignorando, digamos, nuestro enojo o ambición, o incluso ciertos intereses y talentos). Cada uno de nosotros tiene diversas capas de negación, deshonestidad emocional, trauma enterrado y necesidades insatisfechas como resultado de nuestros primeros años de vida. Y cuanto más heridos fuimos de niños, más presión ponemos a nuestro cónyuge para que nos ayude a curarnos.

Esto es lo fundamental: formamos nuestras ideas acerca de las relaciones en conexión con nuestros padres, y cuando nuestras necesidades no son satisfechas, lloramos, nos enojamos o incluso nos revelamos. Si seguimos sin obtener lo que queremos, llevamos una herida interior e invisible. Para evitar ser heridos de nuevo, nos ponemos a la defensiva. Podríamos retirarnos emocionalmente, por ejemplo, o nuestras demandas podrían aumentar y enfurecernos. Como dice la frase: "Las personas heridas hieren a las personas".

NUESTRAS HISTORIAS

Cuando identifica el dolor o la necesidad no satisfecha que se sigue desencadenando en su matrimonio, habrá identificado la pelea que también puede salvarlo. Para mostrarle lo que queremos decir, permitan que cada uno de nosotros comparta su historia.

La historia de Leslie

Mi nacimiento llegó como una sorpresa total para mis padres. Después de haberle diagnosticado diabetes juvenil en sus últimos años de adolescencia, a mi mamá le aconsejaron que no tuviera nunca hijos debido a los graves riesgos para la salud implicados tanto para ella como para el bebé. Mi papá se había enrolado en un programa doctoral que requería un compromiso de no trabajar mientras estudiaba, y mi mamá había aceptado felizmente un puesto para enseñar y sostenerles mientras él terminaba sus estudios. Para gran asombro y sorpresa de ellos, una enfermedad que mi mamá experimentaba resultó ser un embarazo, requiriendo que abandonara su trabajo de enseñanza y, por consiguiente, mi papá abandonase sus estudios doctorales.

Los médicos eran tan pesimistas acerca del embarazo (y mi mamá tan enferma) que mis padres no escogieron un nombre ni decoraron un cuarto, tan solo soportaron los meses de esperar lo inevitable. Por lo tanto, mi nacimiento fue un milagro inesperado y también una realidad que alteró por completo su vida.

La historia de mi nacimiento revela el guión de mi vida y las cicatrices de mi alma. De algunas maneras he sido dotada con un profundo sentimiento de significancia, un milagro inesperado de la gracia de Dios. En otros aspectos, he sido dolorosamente consciente de que no soy de manera alguna un milagro, y que independientemente de lo mucho que lo intentase, yo no podía borrar el dolor de la enfermedad crónica y debilitante de mi mamá, ni tampoco podía llenar las brechas que había en el alma de mi padre y que finalmente condujeron al divorcio de mis padres después de 35 años de matrimonio.

Uno de mis primeros recuerdos más gráficos es de un tiempo en que yo tenía tan solo dos años. Mi mamá entró en un coma diabético, y mi papá estaba fuera en un viaje. Yo estaba sola con ella y no pude hacer que bebiera jugo de naranja (una cosa que había sido entrenada para hacer si mamá necesitaba ayuda). Desde luego, cuando las personas están en un coma, no pueden tragar. Mi último recurso era llamar a la operadora (en aquellos tiempos el 0 en un teléfono rotatorio). Cuando la operadora contestó, se burló de mí diciendo: "Niña, deja de jugar con el teléfono", y colgó. Yo pensé que mi mamá se moría y mis esfuerzos por salvarla había fracasado. Más adelante, mi padre llegó a casa. Mamá revivió y se recuperó por completo.

> Supongo que como la mayoría de nuestras heridas vienen por relaciones, así llegará nuestra sanidad, y sé que la gracia rara vez tiene sentido para quienes miran desde afuera.
> W. PAUL YOUNG

La búsqueda de evitar el dolor de mamá y mi misión de curar las esperanzas hechas añicos de mi papá definieron mi niñez, principalmente en aspectos de los que no fui consciente hasta que llegué a la edad adulta. Mis heridas provienen de haber defraudado a mis padres.

No que ninguno de ellos dijera eso o ni siquiera lo pensara. De hecho, ambos dirían lo orgullosos que están de su hija. Sin embargo, desde un principio yo tenía un sentimiento continuo de tristeza porque podría haber hecho más para lograr que sus vidas fueran mejores, pero yo no podía hacer milagros.

Comenzar en la vida no solo como hija única, sino también como hija "milagro", estableció un papel para mí que yo inconscientemente trabajé muy duro para mantener, incluso hasta la fecha. Tengo una incansable necesidad de ser una persona digna de devoción, afirmación y afecto. En pocas palabras, tengo una necesidad inconsciente de ser el milagro de mi esposo.

Desde luego, eso es una imposibilidad. Yo lo sé. Es una idea ridícula. Claramente irracional. Pero con frecuencia me aferro a ella, teniendo temor a poder perder la aprobación de mi esposo por haberle defraudado. Como podrán imaginar, este temor surge con la más pequeña de las críticas. De hecho, causa que algunas veces yo vea la crítica donde no existe, incluso en asuntos superficiales. Si Les dice algo como: "Creo que hay algo pegajoso en esta encimera" mientras se bebe su jugo de naranja en la mañana, yo lo tomo de modo personal. Le oigo decir: "Estás fallando como esposa al no mantener limpia esta encimera". Desde luego, él no quiere decir tal cosa; mi reacción no llega por un intento de ganar un premio por tener una cocina reluciente. Tengo mucho más en juego que una encimera sucia. Temo perder la aprobación de mi esposo, y un pequeño e inocente comentario es lo único necesario para que la herida de mi niñez salga a la luz y suba mis defensas.

> Un buen matrimonio es la unión de dos buenos perdonadores.
> **RUTH BELL GRAHAM**

Yo podría decir con cierto tono: "Es por las tortitas de John. Dame un minuto para limpiarlo". Así que protejo mi herida, incluso de un comentario tan insignificante, escudándola rápidamente de cualquier dolor adicional.

¿Creen que esa tendencia mía podría exacerbar nuestros conflictos? Por supuesto que sí. Pero escuchemos antes la historia de Les y después ambos les diremos cómo nuestras heridas exacerban las del otro.

La historia de Les

Me crié en un hogar de clase media alta con unos padres que se querían. Tuve una niñez maravillosa, principalmente en Boston, con veranos en la costa de Maine. Si echaran un buen vistazo a mi niñez, dirían que no tuve nada de lo que quejarme, y tendrían razón. De hecho, cuento mis bendiciones por el lugar de donde provengo. No sé cómo podría haber tenido unos padres más amorosos, que me apoyaron e invirtieron en mí.

Por lo tanto, ¿qué tipo de heridas podría haber tenido posiblemente en la niñez? Tan solo esa idea, al principio, me parecía absurda. Pero tuve un profesor en la escuela de posgrado que me impulsó a estudiarlo seriamente. Y lo hice. Y en estos días, muchos años después, puedo resumirlo en una sola palabra: abandono. Incluso al escribir esa palabra me estremezco. Mamá y papá nunca me descuidaron ni dejaron de atenderme. Nunca. Ni siquiera pensarían en eso. Pero sí me dejaron: con la abuela, con cuidadoras y con otras familias. Su trabajo les requería viajar mucho, y eso significaba irse de casa.

¿Fue eso un trauma para mí? Mi impulso es decir no absolutamente. Pero el hecho sigue siendo que yo pasé una buena parte de mis años de niñez viendo a mamá y papá abandonarme. Recuerdo quedarme con la abuela cuando era solamente un niño pequeño. Lloraba porque mis padres no estaban y ella me decía que ellos no podían oírme por mucho que yo llorase. Recuerdo llorar regularmente cuando mi mamá me dejaba en la escuela. Mientras mamá y papá estaban de viaje, me sentía desesperadamente solo durante más de algunas noches en que tuve que dormir con otras familias a las que apenas conocía. Cuando estaba en primero o segundo grado, recuerdo claramente suplicar a mi mamá que se quedase conmigo durante mis lecciones de natación. Ella era la única mamá que se quedaba sentada al lado de la piscina porque yo insistía. Algunos niños podrían haberse sentido avergonzados. Yo estaba aliviado.

En mis años de adolescencia, mamá y papá hablaron conmigo sobre asistir a un internado. Visitamos las instalaciones y conocimos a algunos de los administradores. Me hicieron algunas pruebas y estaba listo para matricularme ese otoño; hasta que la familia de mi mejor amigo, Greg Smith, habló con mis padres sobre que yo viviese con ellos durante ese año escolar.

Greg y yo nos conocimos en tercer grado en Boston, y fue una amistad al instante. Vivíamos a dos bloques de distancia el uno del otro y hacíamos todo juntos: montábamos en bicicleta por todas partes, jugábamos interminables horas al baloncesto y al hockey, pescábamos juntos, y dormíamos incontables veces en casa del otro. Greg y yo fuimos casi inseparables hasta que nuestras familias se mudaron de Boston con un año de diferencia, la mía a Chicago y la suya a Kansas City.

Por lo tanto, cuando los Smith me ofrecieron ir a vivir con ellos mientras asistía a la escuela en Kansas City, yo estaba emocionado. Volver a reunirme con mi mejor amigo era fantástico. Pero una vez más, significaba decir adiós, durante un tiempo, a mamá y papá. Desde luego, hablábamos por teléfono muchos días. Mi papá incluso leía los mismos libros de texto conmigo para que pudiéramos discutirlos juntos. Viajaban frecuentemente a KC y yo también regresaba a casa con ellos en Chicago. Expresábamos afecto y siempre decíamos "te quiero". Pero yo pasé más tiempo con la familia Smith durante tres años de mi adolescencia que con mi propia familia. No estoy resentido por ello. De hecho, aquellos fueron años estupendos en mi vida con maravillosos y divertidos recuerdos. Por lo tanto, decir que tengo heridas debido al abandono suena más grave de lo que las circunstancias pueden parecer garantizar. Pero supongamos que sigue siendo la mejor manera de captar el sentimiento de mi experiencia.

CUANDO DOS HERIDAS SE CHOCAN

Era domingo, y Les y yo estábamos muy contentos por habernos asegurado asientos en la segunda fila en el lado derecho del santuario, que resulta ser la parte de la plataforma donde está el piano. En nuestra iglesia de rápido crecimiento, siempre es un desafío encontrar un asiento. Mientras preparaba mi corazón para la adoración, Les había estado prestando mucha atención a un miembro del grupo de alabanza que había pasado al piano y había tocado muy sentidamente unos hermosos himnos y coros como preludio al servicio. Yo también disfrutaba de la música, y fue entonces cuando Les se inclinó hacia mí y susurró algo acerca de que nuestros dos hijos no practicaban piano regularmente y que estábamos desperdiciando nuestro dinero en las lecciones. Si las cosas no cambiaban, dijo Les, deberíamos deshacernos del piano.

Desde mi perspectiva, había mucha energía detrás de esa afirmación. Les siempre ha lamentado no haber tocado el piano cuando era un muchacho, y quería dar a nuestros hijos el regalo de hacer música. Ver tocar el piano al líder de adoración a poca distancia de nosotros sobre la plataforma ese domingo en la mañana desencadenó algo en Les, y él comunicó su frustración en ese mismo momento.

Mis ojos se llenaron de lágrimas casi inmediatamente. Me parecía que él estaba acusando a mis capa-

> Hay hombres cuyas palabras son como golpes de espada; mas la lengua de los sabios es medicina.
> PROVERBIOS 12:18

cidades de educación y planteando un ultimátum injusto. Sentí que Les me estaba diciendo que yo era un fracaso. Sentí que él no solo me culpaba a mí, sino que nos castigaba a mí y a los muchachos al pretender deshacerse del piano.

Me revolví en la autocompasión mientras pensaba en mayores presiones en las tareas para casa, compromisos en la iglesia y nuestra ocupada vida profesional; todo ello además de la resistencia natural que nuestros muchachos sentían hacia practicar piano. Entonces comenzó a aumentar el enojo. Después de todo, ¿cómo podía él decirme eso en la iglesia donde yo me había vuelto más vulnerable y esperaba compartir un momento íntimo con mi esposo? ¿Cómo podía decirme eso? Yo quería lo mismo para nuestros muchachos que Les: que disfrutaran de tocar el piano algún día en lugar de afrontar lamentos por no haber aprendido música.

Cuando comenzaba el servicio de la iglesia, nos escribimos el uno al otro un par de incisivos mensajes de texto. Les sentía que tan solo estaba expresando sus preocupaciones, y no importaba aunque estuviéramos en la iglesia. Por naturaleza, Les es una persona del "hazlo ahora", y quería ocuparse de eso mientras estaba en su mente.

Pero debido a que yo lo interpreté como una crítica, porque lo tomé de modo personal, porque sentí que le estaba decepcionando, me retiré. Me cerré. Desde la perspectiva de Les, le abandoné. Eché sal a su herida de la niñez, lo cual solamente hizo que él se frustrara y se enojara. Allí estábamos, los dos sintiéndonos distanciados y heridos después de un breve momento de conversación en un lugar donde habíamos acudido para alinear nuestros espíritus mutuamente y con Dios.

Eso es lo que sucede cuando dos heridas se chocan. Se produce un efecto de sinergia que conduce a la pareja a un conflicto que llega a ser más profundo de lo que debería. Y todo ello se debe a que el cerebro humano registra y lleva la cuenta de conductas que nos ayudan o evitan que obtengamos lo que necesitamos para sentirnos protegidos y amados. Esas conductas quedan registradas, desde el comienzo mismo, en redes neuronales que permanecen con nosotros. Por eso, entender nuestras heridas de la niñez es críticamente importante para ayudarnos a luchar una buena pelea.

El dolor no resuelto de la niñez, ya sea abandono, rechazo, asfixia, vergüenza o indefensión, es casi seguro que volverá a resurgir en el matrimonio. Sea que sus primeros años fuesen traumáticos o no, todos entramos en nuestra relación actual como adultos con residuos dolorosos de nuestra niñez.

EL PARTIDO MORTAL DEFINITIVO

Cuando no es usted consciente del modo en que el dolor de su niñez vuelve a repetirse y exacerbarse en conflictos cuando es un adulto casado, inevitablemente esos escenarios de su niñez se repiten con las mismas consecuencias devastadoras. El trauma que experimentó se aviva, ya sea por su temor al abandono, el rechazo, la vergüenza, la indefensión o cualquier otra cosa. Surge el conflicto acalorado y usted recurre a tácticas defensivas infantiles. Pero cuando afronta los hechos y reconoce el modo en que esas necesidades no satisfechas desempeñan un papel en su actual relación, comienza usted a crecer. Madura. "Es crucial aceptar la dura verdad de que la incompatibilidad es la norma de las relaciones", dice Harville Hendrix. "El conflicto es una señal de que la psique está intentando sobrevivir, curarse al elongar sus defensas".[3]

La conciencia de nosotros mismos es el mayor paso que podemos dar para corregir lo que ha ido mal. Nos permite sustituir nuestra rutina defensiva normal de llorar, enojarnos o retirarnos por las cualidades de una buena pelea: cooperación, propiedad, respeto y empatía. Armados con este tipo de conciencia de uno mismo que explica nuestro propio dolor, estamos mejor equipados para bajar la guardia, cooperar, hacernos responsables, mostrar respeto y empatizar con nuestro cónyuge. Cada una de estas cualidades es imposible de practicar si inconscientemente estamos intentando hacer que nuestro cónyuge satisfaga nuestras necesidades no satisfechas o cubra nuestras heridas

> Todos esos finales "y vivieron felices para siempre" de los cuentos necesitan ser desafiados hacia "y comenzaron el muy duro trabajo de hacer que su matrimonio fuese feliz".
> LINDA MILES

ocultas. Cuando ese es el enfoque, no podemos evitar estar protegidos y consumidos con nuestro propio dolor. Carecemos de la madurez para mirar por encima de eso y luchar una buena pelea.

Por eso llamamos a esta pelea, la que usted tiene con el dolor de su niñez, el partido mortal definitivo. El nombre suena sombrío y fatal, pero no se preocupen. Lo único que va a matar es su inmadura pelea con su cónyuge.

Eso es lo que debe terminar. Esta pelea, por lo tanto, no es con su cónyuge en absoluto. Es con usted mismo. Su meta es dar muerte a ese reflejo autodefensivo para proteger ese doloroso elemento en su interior que convierte cada desacuerdo con su cónyuge en la Tercera Guerra Mundial. A riesgo de ser demasiado simplista, esta es una pelea que puede ganarse con dos ganchos de derecha.

Gancho 1: Retirar el papel de víctima

Hay una vieja historia sobre un granjero que ve a un hombre a caballo que galopa rápidamente por el camino. El granjero grita: "Oiga, ¿hacia dónde va?". El jinete se da la vuelta y grita: "No me pregunte a mí; pregunte a mi caballo". Esa es la respuesta general de una víctima. Al igual que este jinete, se siente totalmente indefensa. Autocompasión, derrota e indefensión inundan su conducta. "No hay nada que pueda hacer al respecto" es la frase común.

Pero si están en serio en cuanto a madurar, tienen que renunciar a su identidad como víctima y soltar cualquier resultado que hayan estado obteniendo de la desesperanza y la desesperación. El resultado podría ser atención o validación. Podría ser el cómodo letargo de la inacción porque está convencido de que no hay nada que usted pueda hacer. Cualquiera que sea su ganancia secundaria, necesitan renunciar a ella para romper la mentalidad de mártir y comenzar a ser responsables de su vida. No están atrapados por el destino, la fatalidad o Dios.

"A pesar de lo que haya tenido que atravesar, sigue estando aquí", dice el filántropo Steve Maraboli. "Puede que haya sido usted desafiado, herido, traicionado, golpeado y desalentado, pero nada le ha derrotado. ¡Sigue estando aquí! Ha sido retrasado pero no negado. Usted no es una víctima, es un vencedor".

Jugar al papel de víctima es una decisión, y usted puede escoger de modo diferente. Ser una víctima es un pensamiento, y usted puede pensar de modo diferente. Ciertamente es un proceso; pero el proceso puede comenzar hoy. Usted puede pedir a Dios, su verdadera fuente de poder, que le ayude a adoptar un sentimiento genuino del yo.

Gancho 2: Ayudar a su cónyuge a encontrar sanidad también

Un antiguo cuento describe a una joven que caminaba por un valle cuando ve a una mariposa enganchada en un espino. Con cuidado, ella libera a la mariposa, la cual se aleja volando. Entonces regresa, transformada en una hermosa hada.

—Por tu bondad —le dice el hada a la muchacha—, te otorgaré el deseo que quieras.

La muchacha piensa por un momento y responde:

—Quiero ser feliz.

El hada se inclina hacia ella, susurra en su oído y después desaparece de repente. Mientras la muchacha crecía, nadie en la tierra era más feliz que ella. Siempre que cualquiera le preguntaba el secreto de su felicidad, ella solamente sonreía y decía:

> El mayor problema en la comunicación es la ilusión de que ha tenido lugar.
> GEORGE BERNARD SHAW

—Escuché a un hada buena.

Cuando envejeció, los vecinos tenían temor a que el fabuloso secreto pudiera morir con ella, y le suplicaron:

—Dinos, por favor, dinos lo que te dijo el hada.

La encantadora señora sencillamente sonrió y dijo:

—Ella me dijo que todo el mundo, independientemente de lo que parezca, ¡tiene necesidad de mí!

Es el mismo secreto que ustedes necesitan oír acerca de su cónyuge. Él o ella tiene una gran necesidad de usted, al igual que usted le necesita a él. Por paradójico que pueda parecer, la sanidad que usted busca de las heridas de su niñez se encuentra en ayudar a su pareja a sanar las que ya tiene. Es un viaje compartido de crecimiento mutuo.

Al ayudar a su cónyuge a reclamar la pérdida y la parte herida de sí mismo que ha estado protegiendo, descubrirá usted una sanidad simbiótica propia. Descubrirá que sus propias defensas se relajan cuando las ve fundirse en su cónyuge. Cuando busque entender y empatizar con sus necesidades no satisfechas, descubrirá que el esfuerzo es recíproco. La vulnerabilidad engendra vulnerabilidad.

EL PRECIO QUE PAGAMOS POR UNA INTIMIDAD MÁS PROFUNDA

Nadie se sobrepone a sus heridas rápidamente. Es un proceso. Y el proceso probablemente estará lleno de conflicto; pero este conflicto puede ser el precio que tenga que pagar por un nivel más profundo de intimidad. Cuando luchan una buena pelea, utilizan la tensión de los problemas para hacer que ambos se acerquen más.

> Un aniversario de bodas es la celebración de amor, confianza, compañerismo, tolerancia y tenacidad. El orden varía para cualquier año dado.
> PAUL SWEENEY

Toda relación pasa por cuatro etapas. La primera es *falsa relación*. ¿Recuerdan cuando los dos comenzaron a tener citas por primera vez? No intentaron ser todo lo genuinos y reales que fuese posible. Precisamente lo contrario. Intentaban manejar la impresión que causaban al vestir de cierta manera y al hablar de ciertos temas para caerle bien a su pareja. La relación estaba lejos de ser auténtica. De hecho, tenía un centímetro de profundidad. No había mucho. Usted no conocía a la verdadera persona, y la otra persona no le conocía a usted. Aún no.

Ese proceso comienza con plena fuerza cuando entran en la segunda fase de una relación: *caos*. Y esta etapa es tan tumultuosa como parece. ¿Por qué? Porque es aquí donde comienzan a ser auténticos. La autenticidad que surge en esta etapa desequilibra la relación. Pierden el equilibrio. Sus verdaderas opiniones salen a la luz. Comienzan a decir lo que piensan. Tienen desacuerdos y se producen conflictos. Puede llegar a ser intenso. Incluso puede hacer que cuestionen la relación. Pero esta aterradora etapa es esencial si hemos de llegar a ser auténticos.

El caos da lugar a un mejor lugar donde entramos en la tercera etapa de la relación denominada *vacío*. Este no es cierto tipo de vacío existencial; es la capacidad que tenemos como seres humanos de vaciarnos nosotros mismos de nuestra necesidad de cambiar a otra persona. No es fácil, principalmente porque la mayoría de nosotros queremos que las personas hagan las cosas a la manera en que nosotros queremos hacerlas.

No importa si es nuestro jefe o alguna otra persona que se interpone en la autopista, o la persona con quien estamos casados. Es un fuerte impulso humano hacer que las personas se conformen a *nuestras* maneras. Pero cuando nos vaciamos a nosotros mismos de nuestra necesidad de cambiar a nuestro cónyuge, algo casi místico comienza a suceder: eso que nos irrita, esa cosa extraña que el otro hace y por la que nos peleamos, tiene la oportunidad de convertirse precisamente en lo que nos hace quererle.

El vacío, la capacidad de vaciarse de su deseo de cambiar a su cónyuge, construye un puente hacia la cuarta etapa de la relación a la que todos anhelamos pertenecer: *relación genuina*. Es aquí donde podemos relajarnos y ser nosotros mismos, sabiendo que seguimos siendo aceptados y amados, no porque seamos perfectos sino a pesar de nuestras imperfecciones. Es aquí donde bajamos la guardia y las heridas encuentran sanidad. En la *relación genuina* somos auténticos y vulnerables. Y seguimos siendo aceptados tal como somos. No hay fingimiento. La relación no tiene un centímetro de profundidad sino océanos de profundidad.

Notemos que nunca llegamos a la *relación genuina* sin atravesar el *caos*. De hecho, con frecuencia visitamos el *caos* una y otra vez antes de cruzar el puente del *vacío* y disfrutar de la comodidad de la *relación genuina*. Este es el motivo por el cual decimos: "El conflicto es el precio que pagamos por un nivel más profundo de intimidad".

JUNTOS PARA SIEMPRE

La película de 1997 *As Good as It Gets* es una comedia sobre un autor obsesivo-compulsivo, Melvin Udall, interpretado por Jack Nicholson.[4] Melvin Udall ofende a todo aquel con quien se encuentra pero se enamora de Carol Connelly, una camarera que batalla interpretada por Helen Hunt. Ella ve a Melvin en su peor momento, pero aún así está de acuerdo en reunirse con él en un bonito restaurante para tener una cita.

Carol llega al restaurante, sintiéndose fuera de lugar e incómoda mientras el personal espera para satisfacer sus deseos. Las otras personas del restaurante van impecablemente vestidas, y Carol lleva un sencillo vestido rojo, haciéndola sentirse aún más insegura.

Melvin ve a Carol y le hace señales para que vaya a su mesa. Cuando ella se acerca, Melvin alcanza uno de sus peores momentos. Dice:

—¡Este restaurante! Me hacen comprarme un nuevo traje y a ti te dejan entrar con un vestido de casa.

Carol se queda anonadada y herida por su incrédulo insulto, pero también sabe que es parte del paquete que viene con Melvin. Carol mira a Melvin a los ojos y dice:

—Hazme un elogio, Melvin. Necesito uno ahora.

—Tengo un gran elogio —dice Melvin.

¿Qué podría decir para deshacer el comentario inconsciente que acaba de hacer? Melvin entonces dice una de las frases más románticas que se han visto jamás en la historia de la gran pantalla. Este hombre con profundos fallos con todas sus heridas, que son su peor enemigo, mira a Carol con toda la bondad y la sinceridad que su corazón puede mostrar y dice:

—Carol, tú haces que quiera ser un mejor hombre.

Y ella lo hace. Ese es el resultado de una relación formada por dos personas heridas. Destellos de madurez

> Hay tres palabras que salvan un matrimonio y no son "Yo te quiero". Son: "Quizá tengas razón".
> ANÓNIMO

resplandecen incluso en medio del caos. Ese es el curso del amor entre dos personas imperfectas, disparejas como cualquier otra pareja en el planeta, pero que hacen que cada uno quiera ser mejor. Hacen todo lo posible por encontrar su apoyo, con frecuencia perdiendo el equilibrio pero entonces levantándose de nuevo para luchar la buena pelea.

Juntos.

PARA LA REFLEXIÓN

- ¿Cómo describirían cualquier herida que tengan de la niñez? ¿Cómo ven que influye en su relación matrimonial hoy día?

- Al pensar en las cuatro etapas de la relación, *falsa relación, caos, vacío* y *relación genuina*, ¿en qué etapa dirían que están los dos en este momento? ¿Por qué?

- ¿Cómo evaluarían su crecimiento y su sanidad, en relación con las heridas o el dolor que llevan desde la niñez? ¿Sienten que están realizando progreso? ¿Por qué o por qué no?

CONCLUSIÓN
MANTENER EL PASO

EN 1937, UN INVESTIGADOR de la Universidad de Harvard comenzó un estudio sobre qué factores contribuyen al bienestar y la felicidad humanos. El equipo de investigación eligió a 268 alumnos de Harvard que parecían sanos y bien ajustados para ser parte de lo que se denomina un estudio longitudinal, lo cual significa que los investigadores estudian las vidas de esas personas no solo en un momento en el tiempo, sino más bien durante un periodo de tiempo. En este caso, el periodo de tiempo ha sido extraordinariamente de 72 años. Es uno de los estudios más profundos e importantes de nuestro tiempo. Con 72 años de perspectiva, el estudio da un punto de vista global sobre lo que afecta al nivel de salud y felicidad a lo largo de toda la vida.

El estudio ha seguido varios factores, incluidos cosas medibles como ejercicio físico, niveles de colesterol, estado matrimonial, consumo de alcohol, fumar, niveles de educación y peso, pero también factores psicológicos más subjetivos, como el modo en que la persona emplea mecanismos de defensa para tratar los desafíos de la vida.

Durante los últimos 42 años del estudio, el director de este estudio ha sido el psiquiatra George Vaillant. En 2008 alguien le preguntó lo que él había aprendido acerca de la salud y la felicidad humana de sus años de recopilar datos de esas personas. Uno esperaría una compleja respuesta de un científico social de Harvard, pero su secreto de la felicidad fue asombrosamente sencillo: "Lo único que realmente importa en la vida son las relaciones".[1]

Eso es: relaciones. El estudio más profundo realizado jamás sobre el bienestar de los seres humanos resume lo que más importa para nuestra salud y felicidad con una sola palabra. No es sorprendente, en realidad. Cuando los investigadores han perseguido el antiguo misterio de lo que hace felices a las personas, lo que aparece regularmente en lo alto de la lista no es el éxito, la riqueza, el logro, el buen aspecto o cualquiera que esos bienes envidiables. Siempre son las relaciones. Relaciones cercanas. De hecho, el matrimonio está en el centro de las relaciones humanas cercanas. Porque es en el contexto de este matrimonio donde nuestras necesidades más profundas pueden ser satisfechas, mientras la relación esté funcionando.

> No hay nada más admirable que dos personas que están de acuerdo en mantener la casa como hombre y esposa, confundiendo a sus enemigos y deleitando a sus amigos.
> **HOMERO**

Por lo tanto, terminamos donde comenzamos. Ninguna pareja, a pesar de lo amorosa que sea, es inmune al conflicto. La lucha es tan intrínseca al matrimonio como el sexo. Y la meta de ambos es hacerlo bien.

Hemos dedicado este libro a ayudar a pelear una buena pelea. Paradójicamente, esa es en última instancia la mejor manera de mantener la paz en su matrimonio. Pelear bien y de modo productivo llega cuando aprenden a practicar los cuatro elementos fundamentales de una buena pelea. Después de todo, la relación que comparten con su cónyuge, independientemente de lo llena de frustración que pueda estar a veces, es la mayor fuente de salud y felicidad que jamás encontrarán en este planeta.

APÉNDICE
CONTROLAR EL ENOJO ANTES DE QUE LES CONTROLE

ERA CONOCIDO EN HOLLYWOOD como el "Mel-nojado". Y fue emitido en todo el mundo. La bronca de Mel Gibson por teléfono a Oksana Grigorieva, madre de su hija de ocho meses, estaba tan llena de enojo, tan llena de rabia, que incluyó una amenaza de muerte. Tan violentas eran sus emociones y tan crudamente expresadas, una cascada de palabrotas entremezcladas con insultos racistas y sexistas, que los profesionales expresaron preocupación por su salud mental.

Queremos incluir un breve extracto del vil intercambio para establecer un punto. Pero queremos advertir: es duro y crudo, y estamos excluyendo algunas de las partes más feas. Por lo tanto, siéntanse libres para saltarse esta pequeña transcripción si quieren:

Mel Gibson: Sigue al teléfono y no me cuelgues. Tengo mucha energía para conducir hasta allí. ¿Me entiendes? ¡Y LO HARÉ! ASÍ QUE ---- ESCÚCHAME. ESCUCHA MI---- BRONCA. ESCUCHA LO QUE ME HACES.
OG: No te he hecho nada.
MG: ¡Has hecho que mi vida sea --- difícil!

OG: Bueno, sabes, es tan ----

MG: Por qué no puedes ser una mujer que me --- apoye en lugar de una mujer que saca de mí. Y sencillamente me deja --- seco. Y quiere, y quiere. Trabaja en esta relación si eres una buena mujer que me quieres. Ya no te creo. ¡Estoy harto de tus ----! ¿Te ha funcionado alguna vez una relación? ¡NO!

OG: Escúchame. Tú no me quieres, porque alguien que ama no se comporta de este modo.

MG: ¡Cállate! Sé que me estoy comportando así porque sé con certeza que tú no me quieres, y me tratas sin ninguna consideración.

OG: Un segundo, por favor. ¿Puedo hablar?

MG: Te quiero porque te he tratado con toda bondad, toda consideración. Tú rechazaste... nunca serás feliz. ¡Que te ---! ¡Aléjate de mí! ¡Pero mi hija es importante! ¿De acuerdo? Ahora, tienes otra oportunidad. Y lo digo de verdad. Ahora, vete si quieres, pero te daré una oportunidad más. (suspiro de enojo). Tú me haces querer fumar. Tú ---- mi día. Te preocupas de ti misma.

OG: Eres muy egoísta.

MG: Cuando he sido tan --- bueno contigo. Tú intentas destruirme.

OG: Yo no hice nada. No hice nada. Es tu imaginación egoísta. ¡Son tonterías!

MG: ¡Cállate! ¡Deberías tan solo --- sonreír! Porque lo merezco.

OG: Duermo con el bebé. Me despierto cada dos horas. Me quedé dormida porque te estaba esperando, porque no estabas preparado para ir al jacuzzi como acordamos.

MG: ¿Y a quién --- le importa? No acordamos nada.

Los insultos de Gibson, grabados por Grigorieva para su propia protección, parecen ser interminables. El escalofriante episodio revela una imagen de una estrella del cine convertida en monstruo. Pero todas esas frases llenas de enojo también plantean una provocativa pregunta: ¿Podría un ser humano de otro modo sensato convertirse en un monstruo como ese? Los psicólogos que se especializan en enojo dicen que hay una familiaridad con la furia de la estrella. Recuerda a algunas peleas matrimoniales que se acercan al punto de ruptura. Si eliminamos la basura que sale por la boca, ¿es Mel Gibson tan diferente de algunos de nosotros?

Más al punto, ¿puede la misma intensidad emocional, el mismo enojo venenoso, ser parte de sus peleas? Después de todo, los momentos frustrantes en el matrimonio pueden sacar las peores partes de la naturaleza de cualquiera. Cuando sentimos que todo está conspirando en contra de nosotros, incluso nuestro cónyuge, y se edifica frustración en el interior, ¿está en riesgo de convertirse en ira?

> Siempre que esté enojado, tenga por seguro que no es solamente un mal presente, sino que ha fortalecido un hábito.
> EPITECTUS

Solamente es necesaria una persona para arruinar una buena pelea. Puede suceder cuando los sentimientos alcanzan su punto álgido, y pasa de ser una paciente víctima a un vengador que justifica cualquier tipo de venganza enojada. El enojo de este tipo, cuando se acalora y está fuera de control, se vuelve tan intenso y debilitante que elimina toda posibilidad de tener un espíritu cooperativo. No se trata de permitir que la persona acalorada se libre de un gramo de responsabilidad por haber obrado mal. Ciertamente vacía nuestra capacidad de mantener respeto o de ver la perspectiva de nuestro cónyuge. En pocas palabras, el enojo no encauzado hace que sea imposible llegar a los elementos fundamentales de una buena pelea.

Por lo tanto, volvemos a hacer la pregunta: cuando usted y su cónyuge se pelean, ¿son usted o su cónyuge especialmente propensos a los arrebatos de enojo? Seamos sinceros: probablemente no estaría leyendo este apéndice si no estuviera preocupado por un problema de enojo.

Bien, aquí está; y quizá les resulte consolador o lo encuentren aterrador: hay muchas personas que batallan con el enojo. Por eso incluimos este apéndice. Puede que no sea para todos, pero es vital para una amplia franja de

> Un hombre enojado abre su boca y cierra sus ojos.
> CATÓN

esposos y esposas que saben que el enojo es problemático para ellos cuando se trata de pelear una buena pelea.

Queremos darles nueva perspectiva sobre esta emoción tan peligrosa. Como estamos a punto de explicar, no todo es malo. También veremos algunas creencias equivocadas acerca del enojo que pueden hacernos tropezar. Y les ayudaremos a ambos a entender lo que sucede cuando los arrebatos de enojo se producen, y lo que pueden hacer para domar un temperamento enojado. Como siempre, vamos a darles estrategias demostradas que funcionan para la inmensa mayoría de parejas. No encontrarán aquí tópicos ni palabrería de psicólogos.

EL BUENO, EL MALO Y EL ENOJADO

El enojo, dicen algunos, está en auge en la vida estadounidense. El enojo domina nuestra retórica política. Incidentes de enojo en la carretera son cada vez más comunes. Alguna música popular es enojada, llena de insultos misóginos. Las noticias de la noche están repletas de historias de incidentes enojados que van más allá del crimen violento normal, como el padre que disparó a la computadora de su hija con una pistola porque ella no le escuchaba. Desde luego, también están los estridentes blogueros, presentadores de noticias por cable que señalan con el dedo, atletas profesionales del alboroto, escolares gamberros, y esos padres de las ligas menores que persiguen a los árbitros con las venas de sus cuellos hinchadas.

El enojo también tiene un lado positivo. Puede ser la mayor desventaja de la persona o un bien constructivo. Carol Tavris, autora del influyente *Anger: The Misunderstood Emotion* [El enojo: la emoción malentendida] explica:

> He observado a las personas usar el enojo, en nombre de la liberación emocional, para erosionar el afecto y la confianza, para mermar su espíritu en amargura y venganza, disminuir su dignidad en años de vengativo odio. Y observo con admiración a quienes utilizan el enojo para buscar la verdad, que desafían y cambian las complacientes injusticias de la vida.[1]

Tavris no fue la primera en ver el bien en el enojo. El ensayista renacentista Michel de Montaigne aconsejaba conducir el enojo y utilizarlo sabiamente; instaba a las personas a "administrar su enojo y no gastarlo a la ligera, porque impide su efecto y su peso. La imprudencia y la represión continua se convierten en un hábito y eso hace que todo el mundo los subestimen".

El consejo de Montaigne reconoce una de las paradojas del enojo: es con frecuencia destructivo, es con frecuencia un desperdicio, pero de vez en cuando funciona. Puede alimentar nuestro impulso de logro, ayudarnos a mantener el respeto por nosotros mismos, evitar que el mundo nos pase por encima. Hay un momento crítico, desde luego, en que el enojo aumenta demasiado y se vuelve terriblemente destructivo. La Escritura advierte claramente que es necio intensificar y descargar nuestro enojo con los demás.[2]

Quizá Aristóteles lo expresó bien: "Cualquiera puede llegar a enojarse; eso es fácil. Pero estar enojado con la persona correcta, en el grado correcto, en el momento correcto, con el propósito correcto y de la manera correcta, eso no es fácil".

Y no lo es. Equilibrar lo bueno y lo malo del enojo es difícil. Es demasiado fácil caer en la solución de Mark Twain: "Cuando estés enojado, cuenta hasta cuatro. Cuando estés muy enojado, maldice".

Es gracioso, pero podemos hacer algo mejor que eso.

LLÁMELO COMO QUIERA

En la década de 1960, una importadora estadounidense de alimentos llamada Frieda Caplan cambió el nombre de la grosella china al de kiwi, por el ave nacional de Nueva Zelanda que también es redonda, color marrón y con pelaje. Las ventas de la anterior grosella aumentaron.

En 1977, el mercante de pesca Lee Lantz viajó a Chile y "descubrió" la merluza negra, una especie que los locales consideraban demasiado aceitosa para comerla. Treinta años y un cambio de nombre después, la lubina es tan popular para los paladares estadounidenses que está casi al borde de la extinción.

> Cualquiera puede enojarse, eso es fácil; pero estar enojado con la persona correcta, y hasta el grado correcto, y en el momento correcto, y con el propósito correcto, y de la manera correcta: eso no está dentro de la capacidad de todo el mundo, y no es fácil.
> ARISTÓTELES

En el año 2000 la junta de uvas pasas de California se dio cuenta de que las palabras *uva pasa* y *laxante* estaban estrechamente unidas, lo cual dañaba las ventas de su producto.

Resolvieron este problema de culpa por asociación llamando a las uvas pasas "ciruelas secas". Las ventas aumentaron, y en un grupo de enfoque documentado, las personas prefirieron el sabor de las ciruelas secas al de las uvas pasas.

Parece que no es tan cierto que "una rosa con otro nombre huele igual de dulce", y por eso las personas tienen una inclinación natural hacia renombrar algo para hacerlo más gustoso.

Pero cuando renombramos nuestro enojo a fin de disminuir nuestra negatividad, las cosas pueden llegar a ser peligrosas. Conduce a la negación y a una falta de conciencia de uno mismo. Creemos que es más aceptable decir: "No estoy enojado; tan solo estoy frustrado", o: "No estoy enojado; tan solo estoy herido". A algunos de nosotros nos cuesta decir: "¡Estoy enojado!". Pero debemos entender que el enojo no siempre significa arrebatos de ira. También llega en formas más sutiles y grados menores. Reconocer que ciertas heridas y frustraciones producen esas formas menos demostrativas de enojo es un primer paso esencial para aprender a refrenar nuestro genio.

Por lo tanto, si tendremos que admitirlo cuando lo tengamos, estemos seguros de saber exactamente lo que es el enojo. Los expertos definen el enojo como una incómoda emoción desencadenada por la injusticia percibida. En otras palabras, está relacionado con nuestra percepción de haber sido ofendidos, negados, maltratados, haber recibido oposición o no haber sido entendidos.

Raymond Novaco de la Universidad de California Irvine, quien desde 1975 ha publicado más artículos profesionales que nadie sobre el tema, dice que el enojo implica tres componentes:

- *Reacciones biológicas* que se sienten en nuestro cuerpo, por lo general comenzando con una ráfaga de adrenalina, mayor ritmo cardíaco y presión sanguínea, al igual que músculos que se tensan.

- Las evaluaciones *cognitivas* tienen que ver con el modo en que percibimos y pensamos lo que nos hace enojar. Por ejemplo, podríamos pensar que algo que nos sucedió es injusto o no merecido.

- Antagonismo en la *conducta* es el modo en que expresamos nuestro enojo. Puede que nos veamos y sonemos enojados, nos sonrojemos, elevemos la voz, cerremos la boca, demos portazos, u otras cosas similares para expresar nuestro enojo.

El enojo se ha llamado pecado. Se ha llamado una emoción. El anterior secretario de Estado Alexander Haig en una ocasión lo llamó un "vehículo de manejo". Llámelo como quiera, pero cuando su biología, su pensamiento y su conducta convergen para advertirle que se está sintiendo muy molesto por alguna ofensa percibida, está experimentando enojo.

TRES CREENCIAS EQUIVOCADAS SOBRE EL ENOJO

Aunque estamos en el tema de definir qué es el enojo, aclaremos varios mitos también. Aquí están los más importantes:

Mito: "No debería 'refrenar' mi enojo. Es sano desahogarme y soltarlo".

Hecho: Aunque es cierto que suprimir e ignorar el enojo no es sano, desahogarse no es mejor. El enojo no es algo que hay que dejar salir de manera agresiva a fin de evitar explotar. De hecho, los arrebatos solamente avivan el fuego y refuerzan su enojo mal encauzado.

Mito: "El enojo, la agresión y la intimidación me ayudan a ganarme respeto y a obtener lo que quiero". (Suena al "vehículo de manejo" del Secretario Haig).

Hecho: El poder verdadero no viene de intimidar a otros. Puede que las personas le tengan miedo, pero no le respetarán si usted no puede controlarse o manejar puntos de vista contrarios. Su cónyuge, especialmente, estará más dispuesto a escucharle y acomodarse a sus necesidades si usted se comunica de modo respetuoso.

Mito: "No puedo evitarlo. El enojo es algo que no se puede controlar".

Hecho: No siempre se puede controlar la situación en la que uno está o cómo le hace sentirse, pero usted *puede* controlar cómo expresa su enojo. Y *puede* expresar su enojo sin soltar una diatriba desbocada. Incluso si alguien está tocando sus puntos sensibles, siempre tiene usted elección en cuanto a cómo responder. La mayoría somos pruebas vivas de que podemos controlar nuestro enojo. Cuando estamos enojados con alguien que pudiera herirnos de alguna manera, digamos un supervisor o un jefe que podría despedirnos, en general controlamos nuestro enojo para proteger nuestros intereses; pero cuando estamos enojados con alguien que no tiene capacidad de dañarnos, con frecuencia olvidamos el control y estallamos. Claramente, controlar nuestro enojo es una decisión.

El enojo es normal y natural. No somos responsables de estar enojados, solamente del modo en que respondemos y utilizamos el enojo cuando aparece. Dicho con claridad, los seres humanos fuimos creados con la capacidad de experimentar enojo apasionado. Pero para algunas personas irascibles, el enojo se convierte en algo más que una emoción humana; se convierte en un patrón crónico de ira autoderrotista.

ENTENDER A SU CÓNYUGE ENOJADO

Antes de pasar a las estrategias para dominar su genio, queremos tomar un momento para hablar directamente a la persona que está casada con alguien que batalla con el enojo. Si usted nunca ha sido especialmente propenso al enojo, esta emoción puede ser difícil de entender. Después de todo, no hay una recompensa obvia para un arrebato de enojo. Los únicos resultados de episodios de enojo son sentimientos heridos, venganza o, peor aún, violencia. Solo en raras ocasiones resulta cualquier resolución real del problema que comenzó todo.

> Si los hombres considerasen no tanto donde diferimos, como donde estamos en acuerdo, habría muchos menos sentimientos de poca caridad y de enojo en el mundo.
> JOSEPH ADDISON

Entonces, ¿a qué se debe que mientras que la mayoría de personas dejan que los agravios menores pasen, la persona propensa al enojo no puede contener su ira? ¿Por qué es provocada con tanta facilidad? Los investigadores proporcionan varias respuestas.

En experimentos que utilizaban provocaciones deliberadas como frustrantes problemas matemáticos y asistentes groseros, los científicos han identificado una reacción en cadena potencialmente catastrófica en esas personas: el cerebro indica a las glándulas suprarrenales que liberen una cantidad extra de hormonas del estrés, incluida la adrenalina, al flujo sanguíneo. Como resultado, su sangre hierve. Las personas especialmente propensas al enojo no han aprendido a apagar esa oleada de adrenalina. En lugar de encontrar una distracción para desviarla del impulso a expresar enojo, es más probable que cedan.

Los investigadores también han descubierto que quienes hacen un uso crónico del enojo, lo utilizan para defenderse contra el peligro potencial. Puede que se hayan criado en hogares donde fueron menospreciados, rechazados, injustamente criticados o incluso recibieran abusos. Su respuesta aprendida a ese ambiente negativo es protegerse con una pesada armadura de enojo y agresión. Han sido quemados, así que pelean con fuego. Han llegado a la conclusión de que las relaciones son dolorosas, y no van a permitir que otros se aprovechen de ellos. El enojo entonces se convierte en un modo de vida. Es un tipo de vacuna contra el dolor psíquico potencial.

> Con frecuencia compensamos con ira lo que nos falta de razón.
> WILLIAM ROUNSEVILLE ALGER

Otro factor que moldea la conducta de la persona enojada es el ejemplo mostrado por uno o ambos de los padres. Un estudio longitudinal global a niños de edad escolar en Nueva York reveló que la conducta agresiva de los padres en el hogar está estrechamente relacionada con la agresividad de los niños en la escuela.[3] Sin embargo, apenas necesitamos un estudio para decirnos que los niños imitan a sus padres. Si los niños crecen en hogares donde el papá pierde los estribos y controla a su familia con abuso físico y verbal, tiene sentido concluir que los niños aprenderán a usar el enojo del mismo modo.

Quizá el factor causal más claramente definido de las erupciones crónicas de enojo se encuentre en la cínica desconfianza de la persona hacia otros. Al esperar que otros le traten mal, está atento a la mala conducta, y normalmente la encuentra. Esto genera frecuente enojo, y ese enojo, combinado con falta de empatía por otros, conduce a que expresen abiertamente su hostilidad.

Puede que ninguno de esos factores sea la causa del problema de su cónyuge con el enojo. Cada persona es única. Pero en general, la persona que es propensa a los arrebatos de enojo es probable que tenga una combinación de desencadenantes biológicos, mezclada con un temprano historial de se maltratada, una actitud cínica, y malos modelos emocionales por parte de sus cuidadores.

Cuando tomamos cualquier mezcla de esos factores y añadimos al cuadro fatiga, vergüenza o rechazo, ¡cuidado! Tenemos todos los ingredientes para que se produzca un arrebato emocional de alto octanaje.

DOMINAR SU GENIO

Justin John Boudin, un hombre de 27 años de edad de Minnesota, se declaró culpable de acusaciones de asalto en quinto grado por perder los nervios violentamente. Aquí está la ironía: él iba de camino a su clase de manejo del enojo cuando cometió el delito.

Según la denuncia, Boudin estaba esperando en la parada de autobús cuando comenzó a acosar a una mujer de 59 años de edad. Testigos dicen que le gritó por lo que él sentía que era una falta de respeto general. Cuando ella sacó su teléfono celular para llamar a la policía, Boudin le golpeó en el rostro. Cuando una mujer de 63 años intentó detenerle, Boudin la golpeó con una carpeta azul que contenía su tarea sobre el manejo del enojo. La policía le persiguió usando los papeles en el interior.[4]

Esta sorprendente historia revela lo difícil que puede ser para algunas personas sobreponerse a la batalla del manejo del enojo. Por eso queremos darles algunos pasos demostrados y prácticos para ayudarles a tener bajo control su enojo.

No hacer nada

Sí, sabemos que esto suena un poco absurdo, pero si no se sienten tan eficaces a la hora de difundir el enojo como les gustaría, deténganse en el momento en que sientan que su pulso se acelera por el enojo, y no hagan nada. Esto no es tan fácil como puede parecer. Todo lo que se cuece en su interior quiere salir; pero si usted sabe que no maneja bien su enojo, lo mejor que puede hacer en esta etapa es sencillamente detenerse hasta que haya tenido algún tiempo para pensar. Esperar un momento no es lo mismo que amontonar enojo. Amontonar es ignorar el problema. Eso no es sano, y no es lo que recomendamos.

En cambio, siga el sabio consejo de Thomas Jefferson y cuente lentamente hasta diez antes de hacer ninguna otra cosa. Y como dijo Jefferson, si está muy enojado, cuente hasta cien. Este familiar consejo de la niñez de contar antes de emprender ninguna acción funciona, porque hace hincapié en los dos elementos clave del manejo del enojo: tiempo y distracción. Mientras estamos ocupados contando, no estamos mentalmente añadiendo leña al fuego del enojo rumiando lo que sucedió y que nos hizo enojar. Contar hasta diez se convierte en una manera incluso más eficaz de desarmar el enojo si también hacemos una respiración profunda entre cada número. Respirar profundamente contrarresta la reacción de estrés de lucha o pelea que subyace en el enojo. Dar una respiración profunda de modo deliberado no solo causa un sentimiento de relajación, sino que también nos ayuda a enfocar nuestra atención en el momento presente.

Escuchar las señales de advertencia

Un reciente estudio descubrió que el 10 por ciento de los 2.041 adultos estadounidenses entrevistados conducía un auto con la luz encendida de "comprobar motor".[5] Un alarmante 50 por ciento de aquellos cuyos autos mostraban señales de una inminente avería indicaron que la luz había estado encendida durante más de tres meses, y que sus autos estaban mostrando señales de una inminente avería.

La encuesta descubrió que los conductores tenían toda una letanía de excusas para ignorar la luz. Algunos no miraban al indicador porque el auto parecía estar funcionando bien. Otros simplemente observaban que no tenían tiempo para preocuparse por diagnósticos y subsiguientes reparaciones.

Desgraciadamente, muchos de nosotros adoptamos el mismo lánguido enfoque hacia las señales de advertencia del enojo,

> Las personas más enojadas que he conocido jamás fueron las personas que sabían que estaban equivocadas.
> **WILSON MIZNER**

aunque puede que tengamos una mejor excusa que la de los conductores en la encuesta. Demasiados de nosotros no sabemos qué señales de advertencia buscar; pero cuando lo sabemos, se convierten en una herramienta para ayudarnos a evitar los arrebatos emocionales.

Entre las señales del enojo a punto de explotar se incluyen las siguientes:

- **Tensión. Observe cómo y qué siente en su cuello. ¿Están rígidos los músculos del cuello? Si es así, prepárese para relajarse y recomponerse. Inhalar y exhalar profundamente ayuda a relajar todas esas tensiones.**
- **Sentir calor. Esto es fácilmente perceptible, porque cuando la sangre circula por encima de lo normal, puede sentir calor en su rostro. Si nota esos**

síntomas, permita que sirvan como una señal de que se está acalorado demasiado. Necesita enfriarse apartándose momentáneamente de la situación. Puede canalizar la energía que se está formando hacia algo productivo, como dar un paseo vigoroso o hacer una visita al gimnasio. O quizá lo único que necesita sean algunos minutos de escuchar música tranquila.

- Puños cerrados. En las películas, hombres que están a punto de golpear a alguien cierran primero sus manos para dar ese golpe. Esta reacción involuntaria es parte de un proceso emocional que funciona del mismo modo en la vida real. Cuando el enojo pasa a un primer plano, nuestras manos a veces pueden ser la expresión más obvia de ello.

- Voz elevada. Una voz elevada es una de las maneras más comunes y tradicionales de saber que alguien está enojado. Lo contrario a esto es un frío silencio. Ambas cosas tienen intención de intimidar; y ambas son indicadores de que el enojo está aumentando. ¿Qué debería hacer cuando observe que el tono de su voz aumenta? Por trillado que pueda sonar, contar lentamente hasta diez no es una mala idea. Eso permite a su mente racional que se ponga en sintonía con sus sentimientos.

Cada uno de estos desencadenantes, como la señal de advertencia que hay en el salpicadero de su auto, es un indicador para hacer una pausa y hacer inventario de lo que podría estar sucediendo. Cuanto más adepto se vuelva a reconocerlos, más efectivo será a la hora de evitar sus arrebatos de enojo. ¿Por qué? Porque captará su enojo antes de que caiga en una espiral fuera de control. Estas señales de advertencia le permiten alejarse de la situación durante unos minutos, durante tanto tiempo como sea necesario para calmarse.

Considerar llevar un registro

Si está dispuesto a admitir que tiene un problema con el enojo, esté seguro de poder encontrar ayuda y mejora en seguir "un registro". Esta es una técnica que los terapeutas utilizan con frecuencia y para la que no es necesario un profesional para utilizarla. Llevar un registro es un medio parecido a escribir un diario para analizar eventos provocativos.

Usted sencillamente anota todos sus episodios de enojo, incluidos lugares, sucesos, perso-

> Ningún hombre es tan conquistador como el hombre que se ha derrotado a sí mismo.
> HENRY WARD BEECHER

nas presentes, lo que usted hizo o dijo, los resultados, como se sintió después y lo que desearía haber hecho de modo diferente. Este simple ejercicio aumenta su conciencia de dónde, cuándo, por qué y con cuánta frecuencia se enoja. Y esta conciencia puede hacer más de lo que podría usted imaginar para ayudarle a mantenerse calmado. Llevar un registro durante una semana podría ser un importante punto de inflexión en su vida. Es una herramienta sencilla y demostrada que obra maravillas para muchos.

Buscar ayuda

Si su enojo está en una espiral fuera de control, a pesar de poner en práctica técnicas de manejo del enojo, o si se está metiendo en problemas con la ley o está dañando a otras personas, necesita usted más ayuda. Hay muchos terapeutas, clases y programas para personas con problemas de manejo del enojo. Pedir ayuda no es una señal de debilidad. Con frecuencia encontrará a otras personas en la misma situación, y obtener comentarios directos o técnicas para controlar el enojo puede ser tremendamente útil.

Considere la ayuda profesional si:

- Se siente constantemente frustrado y enojado a pesar de las técnicas de manejo que intente.
- Su genio causa repetidos problemas en el hogar o en el trabajo.
- Se ha metido en problemas con la ley debido a su enojo.
- Su enojo ha conducido a la violencia física.

Si no sabe por qué se enoja, es muy difícil de controlar. La terapia proporciona un ambiente seguro para saber más acerca de las razones e identificar desencadenantes de su enojo. Es también un lugar seguro para practicar nuevas habilidades de expresar su enojo apropiadamente.

Lidiar con su cónyuge enojado

Ya conoce la frase. La ha visto en chapas y pegatinas para autos. "No me enojo, nivelo las cosas". Para la persona que batalla con el enojo crónico, sin embargo, esto no es una broma. Esas personas se inclinan hacia las represalias y la venganza; quieren igualar el marcador, y eso se convierte en una obsesión cuando sienten que les han maltratado. Planean incontables maneras de reivindicarse y, mientras tanto, descuidan la antigua sabiduría que dice: "Quien busca venganza, cava dos tumbas".

Usted puede ayudar a su cónyuge enojado a suavizar esta terrible perspectiva. Sin duda, con frecuencia da miedo cuando uno está en la parte receptora de la ira de otra persona. Pero al igual que su cónyuge necesita aprender nuevas maneras de manejar su impulso hacia los arrebatos, usted puede beneficiarse de unas cuantas estrategias. A continuación están algunas de las mejores tácticas que conocemos para mantener la calma cuando su cónyuge se acalore.

No ser un chivo expiatorio

"Cuidado, mamá, niños, gatos y perros. ¡Aquí llega papá, y otra vez está molesto!" es una actitud común en los hogares donde el papá tiene un problema de enojo. ¿Por qué? Porque los volcanes hacen erupción con mayor frecuencia cuándo y dónde se sienten más seguros. Un cónyuge enojado puede realmente estar molesto con su jefe, con su hijo o su pastor, por ejemplo, pero usted termina siendo el objeto de su venganza porque es seguro enojarse con usted. Por lo tanto, si se encuentra continuamente como el objeto de las erupciones de su cónyuge, probablemente se deba a que usted es un objeto seguro: un chivo expiatorio.

El término chivo expiatorio viene de la referencia del Antiguo Testamento al macho cabrío inocente que era llevado al altar por el sumo sacerdote.[6] Poniendo ambas manos sobre la cabeza del macho cabrío, el sumo sacerdote confesaba todos los pecados del pueblo. Entonces el animal era llevado al desierto y se le soltaba, simbólicamente llevándose todos los pecados del pueblo a una tierra que estaba deshabitada.

¿Se siente alguna vez como ese animal cuando es usted el objeto del enojo de su cónyuge? Esto no es poco común. Por lo general, usted es un observador inocente, sin hacer nada malo, cuando de repente se convierte en el recipiente del enojo, amontonado sobre su cabeza como si fueran ardientes piedras escupidas desde un volcán violento. Entender este fenómeno común puede ayudarle a lidiar con un cónyuge enojado de dos maneras. Primero, puede estar tranquilo al saber que no es usted la causa de ese enojo. Y segundo, puede establecer límites con esas personas ayudándoles a identificar el verdadero objeto de su ira. Puede decir algo parecido a lo siguiente: "Sé que estás expresando tu enojo conmigo en este momento, pero me pregunto si en realidad es la situación en el trabajo lo que te está haciendo ser tan emocional". Una frase calmada y sencilla como esa es a veces lo único necesario para poner en su lugar a una persona enojada y hacer que se calme.

Guardarse contra la contaminación

En su autobiografía, *Number 1*, la leyenda del béisbol Billy Martin hablaba sobre ir a cazar en Texas con Mickey Mantle. Mickey tenía un amigo que les dejaba ir a cazar en su rancho. Cuando llegaron al rancho, Mickey le dijo a Billy que esperase en el auto mientras que él comprobaba las cosas con su amigo. El amigo de Mantle enseguida les dio permiso para cazar, pero le pidió un favor a Mickey. Tenía una mula en el granero que se estaba quedando ciega, y él no tenía agallas para librarla de esa angustia. Le pidió a Mickey que disparase a la mula en su lugar.

Cuando Mickey regresó al auto, fingió estar enojado. Frunció el ceño y dio un portazo. Billy preguntó qué iba mal, y Mickey dijo que su amigo no les dejaba cazar.

—Estoy tan enojado con él —dijo Mantle—, ¡que voy a ir a ese granero y disparar a una de sus mulas!

—¡No podemos hacer eso! —protestó Martin. Pero Mickey estaba decidido.

—Tan solo observa —gritó.

> El que fácilmente se enoja hará locuras.
> **PROVERBIOS 14:17**

Cuando llegaron al granero, Mantle se bajó del auto con su rifle, corrió al interior y disparó a la mula. Sin embargo, cuando estaba saliendo oyó dos disparos, y regresó corriendo al auto. Vio que Martin también había sacado de su rifle.

—¿Qué estás haciendo, Martin? —gritó. Martin respondió gritando, enrojecido de enojo.

—¡Vamos a enseñarle a ese hombre! ¡Acabo de matar dos de sus vacas!

El enojo puede ser peligrosamente contagioso. Como lo expresa el libro de Proverbios: "No te entremetas con el iracundo... No sea que aprendas sus maneras".[7] Cuando está casado con un cónyuge enojado, es muy fácil que su propio enojo aumente; tan solo para equilibrar la balanza. Es una estrategia peligrosa y solamente añade leña al fuego de los conflictos de la pareja. Por lo tanto, tenga cuidado. Guárdese contra el efecto contaminante del enojo.

No ir a la guerra sin entender la batalla

Si se encuentra atrapado sin querer en un tira y afloja de enojo con su enojado cónyuge, no saque toda su artillería antes de entender claramente por qué está luchando. Pelear antes de entender la batalla puede causar un daño irreparable a relaciones y familias. En cambio, posponga su impulso a demostrar su punto y tome tiempo para definir claramente de qué se trata la batalla. Diga a su cónyuge: "Quiero estar seguro de entender lo que te está molestando. ¿Es que…?".

Al definir el conflicto, aporta usted cierta objetividad y puede evitar muchos roces inútiles. "Nunca hable en el fragor del enojo —dice Carol Tavris—. Dice cosas de forma equivocada o mala. Permítase tiempo para calmarse porque quiere que su enojo logre algo".

DECIR ADIÓS A LA LOCURA

Los arrebatos de enojo de Mel Gibson no son los únicos hechos públicos. En febrero de 2009, una mujer de 27 años de edad de Fort Pierce, Florida, entró en un restaurante McDonald´s y pidió un McNuggets de 10 piezas.[8] Ya sabe lo que es cuando tiene usted hambre y tiene ganas de algo en particular. Su imaginación comienza a trabajar y casi puede probar esos McNuggets antes de pedirlos.

Bien, fue entonces cuando las cosas se pusieron realmente difíciles para esta mujer hambrienta. La persona que estaba detrás del mostrador recibió el pedido y también el pago, solo para descubrir que se habían quedado sin esos calentitos y sabrosos McNuggets. La empleada le dijo a la clienta que tendría que pedir alguna otra cosa del menú. La clienta pidió que le devolviesen su dinero. La empleada le dijo que las ventas son finales, y que podía tener otro producto aunque fuese más caro del menú si quería.

No, la mujer que amaba los McNuggets insistió en que quería McNuggets, y no un Big Mac, no un McRib, no un Quarter Pounder. Ella estaba enojada, aquello era claramente una emergencia, y sabía qué hacer en una emergencia: sacó su teléfono celular y llamó al 911 para quejarse. Parece que los trabajadores en el 911 no lo tomaron en serio, ¡porque llamó tres veces para obtener ayuda!

Ella no obtuvo sus McNuggets aquella noche, pero sí recibió una multa de la policía por mal uso del 911.

¿Suena extraña esta historia? Incidentes igual de locos ocurren todo el tiempo. Cuando nos enojamos, importantes distorsiones de nuestra perspectiva nublan nuestro sentido de juicio, y actuamos de maneras locas. El enojo en la carretera causado por algo tan sencillo por no apagar los faros puede resultar en un tiroteo. El enojo tuerce nuestra perspectiva, y nubla nuestro juicio.

> Mantenga la calma; el enojo no es un argumento.
> DANIEL WEBSTER

El enojo hace que cosas pequeñas parezcan grandes y cosas grandes parezcan pequeñas. Cuando estamos enojados, tener que comer una hamburguesa en lugar de McNuggets se convierte en un desastre de grandes proporciones, y llamar a un teléfono vital para emergencias de vida o muerte se convierte en un asunto insignificante.

Sea que esté intentando manejar su propio enojo o vivir con una persona que lo tiene, sepa que este es un grave problema con graves consecuencias. La buena noticia es que puede evitar esas consecuencias. No tiene que permitir que el enojo le vuelva loco como a la Sra. McNugget, como a Mel Gibson, o como a un conductor que apunta con una pistola a una persona que no le permitió meterse en el carril. El enojo puede arruinar la vida, y ciertamente arruina matrimonios. Pero eso no tiene por qué suceder. El enojo puede ser gestionado y controlado. Puede convertirse en un bien en lugar de ser un destructivo obstáculo que cause que usted haga locuras. Obtener la ayuda adecuada y encontrar una solución es esencial para la cordura de su relación.

No pretendemos pensar que este apéndice puede resolver de repente todos sus problemas de enojo. Es sencillamente un punto de comienzo para ayudarle a empezar el proceso de decir adiós a la locura del enojo fuera de control en su hogar.

★ NOTAS ★

Introducción: Cuando se desata la pelea

[1] Véase http://www.mydaily.com/2011/03/11/fighting-fair-how-to-fight-fair/

[2] Jerry Stiller, *Married to Laughter: A Love Story Featuring Anne Meara* (New York: Simon & Schuster, 2000).

Capítulo 1: Lo que la mayoría de parejas no saben sobre el conflicto

[1] D. J. Canary, W. R. Cupach y R. T. Serpe, "A Competence-Based Approach to Examining Interpersonal Conflict". *Communication Research* 28 (2001):79–104.

[2] "Fair feud? 6 issues couples should argue about"; MSNBC/Today; Men's Health on which arguments can ruin or strengthen relationships", NBC News, 20 de agosto de 2007, http://today.msnbc.msn.com/id/20323044

[3] El conflicto insano hace a las parejas casadas más susceptibles a la enfermedad e incluso prolonga el proceso de curación de una herida.

[4] K. T. Buehlman y John Gottman, "The Oral History Coding System", en *What predicts divorce? The measures*, ed. John Gottman (Hillsdale, NJ: Erlbaum, 1996).

[5] Proverbios 13:10

[6] M. Argyle, y A. Furnham, "Sources of Satisfaction and Conflict in Long-Term Relationships". *Journal of Marriage and the Family* 45 (1983):481–493.

[7] Paula Szuchman y Jenny Anderson, *Sousonomics: Using Economics to Master Love, Marriage and Dirty Dishes* (New York: Random House, 2011).

[8] Rachel A. Simmons, Peter C. Gordon, y Dianne L. Chambless, "Pronouns in Marital Interaction: What Do 'You' and 'I' Say about Marital Health?", *Psychological Science* 16, no. 12 (2005): pp. 932-936.

Capítulo 2: Los sorprendentes beneficios de una buena pelea

[1] H. Markman, S. Stanley y S.L. Blumberg, "Fighting For Your Marriage: Positive Steps for Preventing Divorce and Preserving a Lasting Love", (New York: Jossey-Bass, 1994).

[2] Shrek 2 dirigida por Andrew Adamson y Kelly Asbury y Conrad Vernon (Universal City: Dreamworks SKG, 2004).

[3] B. R. Karney y T. N. Bradbury, "The longitudinal course of marital quality and stability: A review of theory, methods, and research", *Psychological Bulletin*, 118 (1995): 3-34.

Capítulo 3: Por lo que *realmente* se pelean

[1] "The Can Opener", *Everybody Loves Raymond*, 27 de septiembre de 1999, escrito por Philip Rosenthal, Aaron Shure y Susan Van Allen, dirigido por Will Mackenzie, (Burbank: CBS, 1999).

[2] Sketch escrito por Clark Cothern, Ypsilanti, Michigan, 3 de julio de 2005.

[3] Keith Sanford et al., "Perceived threat and perceived neglect: Couples' underlying concerns during conflict", *Psychological Assessment*, 22, no. 2 (2010): 288

Capítulo 4: ¿Cuál es su cociente de conflicto?

[1] A. L. Vangelisti y S. L. Young, "When WordsHurt: The Effects of Perceived Intentionality on Interpersonal Relationships", *Journal of Social and Personal Relationships* 17 (2000):393–424

[2] J. K. Kiecolt-Glaser, W. B. Malarkey, M. A. Chee, T. Newton, J. T. Cacioppo, H. Y. Mao, y R. Glaser, "Negative Behavior During Marital Conflict is Associated with Immunological Down-Regulation", *Psychosomatic Medicine* 55 (1993): 395–409.

[3] John Milton, Paradise Lost, 1.254-255.

[4] Algunas personas, desde luego, nunca aprenden a manejar su enojo. Esto conduce a indescriptible dolor y angustia en el matrimonio. Cuando las emociones enojadas de una persona corren desbocadas en una relación, el conflicto da miedo. Si el enojo no gestionado es un factor en sus conflictos matrimoniales, el apéndice está dedicado a ayudarle a vencer ese problema.

[5] Romanos 12:2.

Capítulo 5: Las reglas del Club de pelea

[1] K. L. Johnson, y M. E. Roloff, "Correlates of the Perceived Resolvability and Relational Consequences of Serial Arguing in Dating Relationships: Argumentative Features and the Use of Coping Strategies", *Journal of Social and Personal Relationships* 17 (2000):676–686.

[2] http://couplestraininginstitute.com/ gottman-couples-and-marital-therapy/

[3] Beverly Engel, *The Power of Apology* (New York: John Wiley & Sons, 2001).

[4] John M. Gottman y Clifford I. Notarius, "Decade Review: Observing Marital Interaction", *Journal of Marriage and the Family* 62 (Noviembre 2000): 927-947

[5] Lisa S. Matthews, K. A. S. Wickrama y Rand D. Conger, "Predicting Marital Instability from Spouse and Observer Reports of Marital Interaction", *Journal of Marriage and Family* 58, no. 3 (agosto 1996): 641-655.

[6] Robert W. Levenson y John M. Gottman, "Physiological and affective predictors of change in relationship satisfaction", *Journal of Personality and Social Psychology*, 49, no. 1, (julio 1985): 85-94.

[7] J.L. Smith, W. Ickes, J. Hall y S. D. Hodges, eds., *Managing interpersonal sensitivity: Knowing when—and when not—to understand others.* (New York: Nova Science, 2011).

[8] N. M. Lambert, S. M. Graham y F. D. Fincham, "Understanding the layperson's perception of prayer: A prototype analysis of prayer", *Psychology of Religion and Spirituality, 3,* (2011): 55-65.

[9] Christopher G. Ellison, "Family Ties, Friendships, and Subjective Well-Being among Black Americans", *Journal of Marriage and the Family* 52 (1990): 298-310.

[10] Neil Krause, "Praying for others, financial strain, and physical health status in late life", *Journal for the Scientific Study of Religion*, 42 (2003): 377-391.

Capítulo 6: Descubrir su Tipo de pelea personal

[1] Ben Dattner, "Credit and Blame at Work", *Psychology Today*, 13 de junio de 2008, http://www.psychologytoday.com/ blog/minds-work/ 200806/the-use-and-misuse-personality-tests-coaching-and- development.

[2] Timothy Keller y Kathy Keller, *The Meaning of Marriage*: *Facing the Complexities of Commitment with the Wisdom of God* (New York: Dutton, 2011), pp. 145-146

[3] "Man Uses Air Raid Siren to Quiet Wife", CNN.com, 19 de abril de 2003.

Capítulo 7: Compensar juntos sus Tipos de pelea

[1] William Shakespeare, *Hamlet*, 1.3.78–82.

[2] Henry David Thoreau, *Walden*

Capítulo 8: Pelear en los cinco grandes

[1] Greg Evans, "Seinfeld's *Marriage Ref*: Nada Nada Nada," *The Huffington Post*, 1 de marzo de 2010, http://www.huffingtonpost.com/greg-evans/seinfelds-emmarriage-refe_b_480471.html.

[2] Market Watch, "AICPA Survey: Finances Causing Rifts for American Couples", *The Wall Street Journal*, 19 de mayo de 2012.

[3] Financial Behavior and Attitudes, Money Habitudes, http://www.moneyhabitudes.com/about/press-news/financial- behavior-and-attitudes-statistics/.

[4] Catherine Rampell, "Money Fights Predict Divorce Rates", *New York Times*,7 de diciembre de 2009, http://economix.blogs. nytimes. com/2009/12/07/money-fights-predict-divorce-rates/.

[5] Vanessa Ko, "French Man Forced to Pay Ex-Wife a Settlement for Lack of Sex", *Time*, 6 de septiembre de 2011, http://newsfeed.time.com/ 2011/09/06/french-man-forced-to-pay-ex-wife-a-settlement-for-lack- of-sex/#ixzz21tTF4UcH.

[6] http://www.time.com/time/subscriber/article/ 0,33009,981624-2,00.html

[7] Kaplan, R. H (1987). "Lottery winners: The myth and reality". *Journal of Gambling Behavior*, 3, pp. 168-178.

[8] Michelle Healy y Alejandro Gonzalez, "Setting a Date for Date Night", *USA Today*, 2 de mayo de 2009; basado en the Frigidaire Motherload Index

[9] A. Aron, C. C. Norman, E. N. Aron, C. McKenna, y R. Heyman, "Couples Shared Participation in Novel and Arousing Activities and Experienced Relationship Quality", *Journal of Personality and Social Psychology* 78 (2000): 273–283.

[10] "Becoming Parents: It's More than Having a Baby", University of Washington School of Nursing, http://nursing.uw.edu/newsroom/ press-releases/becoming-parents-its-more-than-having-a-baby.html.

[11] Frank Pompa, "Why People Have Kids", USA Today, 6 de mayo de 2010.

[12] Sarì Harrar and Rita DeMaria, "Let Parenthood Strengthen Your Marriage", Reader's Digest, http://www.rd.com/advice/parenting/let-parenthood-strengthen-your-marriage.

[13] Belinda Luscombe, "What a Chore: Housework Is Bad for Both Sexes", Time, 23 de mayo de 2011, http://healthland.time.com/2011/05/23/housework-bad-for-both-sexes.

[14] Jeanna Bryner, "Key to Successful Marriage: Say 'Thank You'", Live Science, 27 de julio de 2007, http://www.livescience.com/4556-key- successful-marriage.html.

Capítulo 8: La pelea que puede salvar su matrimonio

[1] Just Married, escrita por Sam Harper, dirigida por Shawn Levy (Los Angeles: Twentieth Century Fox Film Corporation, 2003).

[2] http://www.oprah.com/relationships/uncovering-childhood-wounds.

[3] Harville Hendrix y Helen LaKelly Hunt, "The Marriage Repair Kit", Oprah.com, http://www.oprah.com/relationships/Uncovering-Childhood-Wounds

[4] As Good as It Gets, escrita por Mark Andrus y James L. Brooks, dirigida por James L. Brooks (Culver City: Tristar Pictures, 1997).

Conclusión: Mantener el paso

[1] Joshua Wolf Shenk, "What Makes Us Happy?" *The Atlantic* (Junio 2009), pp. 36–53.

Apéndice: Controlar el enojo antes de que les controle

[1] Tavris, C. (1982). *Anger: The Misunderstood Emotion.* Simon and Schuster, New York.

[2] Proverbios 29:11

[3] L. R. Huesmann, "Stability of Aggression Over Time and Generations", *Devlopmental Psychology, 20,* (1984) p. 1120-34.

[4] Associated Press, "Man hits woman on way to anger control class", 1 de marzo de 2008, NBCNews.com, http://www.msnbc.msn.com/id/23421960/ns/us_news-weird_news/t/man-hits-woman-way-anger- control-class/ #.UMk4nI5DGxowww.msnbc.com.

[5] Associated Press, "Ten Percent of U.S. Drivers Have Their 'Check Engine' Light On", www.yahoonews.com, 10 de junio de 2008; "Snapshots: How long the light's been on", *USA Today,* 22 de junio de 2008.

[6] Levítico 16:20–22.

[7] Proverbios 22:24–25.

[8] Associated Press, "Florida woman calls 911 3 times over McNuggets", www.news.yahoo.com, 4 de marzo de 2009.

★ ACERCA DE LOS AUTORES ★

Los Dres. Les y Leslie Parrott son autores de éxitos de ventas número 1 del *New York Times* y los fundadores del Centro para el Desarrollo de Relaciones en la Universidad Seattle Pacific (SPU). Les es psicólogo y Leslie es terapeuta de matrimonio y familia en SPU. Los Parrott son los autores de *Real Relationships, Crazy Good Sex, L.O.V.E. Your Time-Starved Marriage, Love Talk, y* el libro ganador del galardón Gold Medallion Award *Saving Your Marriage Before It Starts.* Los Parrott han sido presentados en *Oprah, CBS This Morning, CNN,* y *The View,* y en *USA Today* y el *New York Times.* También son frecuentes oradores invitados y han escrito para diversas revistas. El sitio web de los Parrott, LesandLeslie.com, presenta más de mil videos gratuitos que responden preguntas sobre relaciones. Les y Leslie viven en Seattle, Washintgon, con sus dos hijos.

WORTHY®
Latino

Si le gustó este libro,
¿consideraría compartir el mensaje con otros?

- Mencione el libro en un post en Facebook, un update en Twitter, un pin en Pinterest, o una entrada en un blog.

- Recomiende este libro a quienes están en su grupo pequeño, club de lectura, lugar de trabajo y clases.

- Visite Facebook.com/WorthyPublishingLatino, dé "ME GUSTA" a la página, y escriba un comentario sobre lo que más le gustó.

- Escriba un Tweet en @WorthyPubLatino sobre el libro.

- Entregue un ejemplar a alguien que conozca y que sería retado y alentado por este mensaje.

- Escriba una reseña en amazon.com, bn.com, goodreads.com o cbd.com.

Puede suscribirse al boletín de noticias de Worthy Latino en WorthyLatino.com

 PÁGINA EN FACEBOOK DE WORTHY LATINO   **SITIO WEB DE WORTHY LATINO**